KB235788

CHOICE
지금 당신의 선택이 당신의 내일이다

테드 윌리 지음 | 최소영 옮김

한 언 HANEON.COM

CHOICE
지금 당신의 선택이 당신의 내일이다

펴 냄   2005년 5월 25일 1판 1쇄 박음 / 2006년 8월 15일 1판 5쇄 펴냄
지은이   테드 윌리
옮긴이   최소영
펴낸이   김철종
펴낸곳   (주)한언
         등록번호 제1－128호 / 등록일자 1983. 9. 30
주 소   서울시 마포구 신수동 63－14 구 프라자 6층(우 121－854)
         TEL. 02-701-6616(대) / FAX. 02-701-4449
책임편집 장성길 skjang@haneon.com
디자인   원미정 mjwon@haneon.com
홈페이지 **www.haneon.com**
e-mail   haneon@haneon.com

이 책의 무단전재 및 복제를 금합니다.
잘못 만들어진 책은 구입하신 서점에서 바꾸어 드립니다.

ISBN 89-5596-252-5   03320

CHOICE

지금 당신의 선택이 당신의 내일이다

THE POWER OF CHOICE

당신의 선택은
당신의 미래를 만듭니다.

To.

From

지구인들이 목숨 걸고 지켜야 할 한 가지

당신이 살고 있는 별은 어디인가? 지구인가 천왕성인가?

저자 테드 윌리는 5장에서 난데없이 천왕성에 대한 소설 같은 얘기를 들려준다. 그가 그리는 천왕성은 얼핏 보면 지구와 매우 흡사해 보이나 뭔가 이상한 기운이 느껴지는 별이다. 지구와 천왕성의 가장 큰 차이점이 무엇인지는 천왕성에 파견된 직원이 지구에 있는 본사의 CEO에게 보내오는 이메일에서 서서히 드러난다. 바로 천왕성에는 지구에서는 절대로 용납되지 않는 '변명하기', '자기감정에 대해 남 탓하기', '죄의식으로 신음하기', '각종 콤플렉스와 공포증에 시달리기' 등이 만연해 있다는 것이다. 그 파견 직원은 이런 사실을 발견하고 처음에는 무척 놀라고 당혹스러워하지만, 시간이 지날수록 자신도 그런 태도에 물들어간다. 물론 이런 태도들은 실제로 지구에 만연해 있는 것들이다. 저자는 이런 황당한 풍자를 통해 우리가 지구인인 이상 그런 무책임한 태도를 용납해서는 안 된다는 주장을 역설적으로 전달하고자 한 것이다.

지구인인 우리는 지구를 떠나기 전까지는 자기 행동의 결과에 대해 100퍼센트 책임을 져야 한다. 그것은 그 결과가 우리가 내린 선택의 산물이기 때문이다. 잘된 일이든 잘못된 일이든 그 결과는 다른 누구도 아닌 스스로가 내린 결정에 의한 것이다. 우리는 계획했던 일이 순조롭게 진행되어 정상적으로 달성되었을 때는 공을 100퍼센트 자기에게로 돌리지만, 중간에 일이 그르쳐져 계획에 차질이 생겼을 때는 책임을 남에게 전가하거나, 50퍼센트, 30퍼센트씩 남들에게 떼어주려고 한다. 책임을 남들과 나누고 싶다면 우리는 이렇게 말하는 습관 또한 가지고 있어야 할 것이다. "이번 휴가는 정상적으로 항공기를 운항해 준 항공사와, 예약을 잊지 않고 방을 잡아 준 호텔, 주문할 때마다 식사를 제대로 준비해 준 식당 덕분에 잘 다녀왔어." 우리 자신은 우리가 스스로 내린 선택의 산물이고, 그런 선택권을 행사할 수 있는 유일한 존재며, 우리가 인생에서 내리는 선택에 대한 전적인 책임이 우리에게 있다는 개념을 받아들일 때, 우리는 삶을 개선해 나갈 수 있다.

어떤 상황에서든 외부 환경이나 남을 비난할 수 있다면 우리는 스스로를 변화시킬 필요가 없다. 늘 불평만 하고 개선의 노력을 하지 않는 사람들의 모습은 어떤가. 그런 사람들이 우리가 상상하는 성공한 사람들의 모습인가. 성공하는 사람들은 어떤 것을 그저 바라거나 기대하지 않고 적극적으로 '선택'하며, 그 결과에 대해서 남을 책망하지 않고 책임을 진다. 그리고 거기서 얻은 교훈으로 다음에 더 나은 선택을 한다.

　　이 책을 끝까지 읽은 사람이라면 이미 성공의 비결이 담긴 요술지팡이 하나씩을 건네 받은 셈이다(저자는 에필로그에서 은망치로 비유했다). 이제는 그 요술지팡이를 저자가 말해 준 방식대로 제대로 휘두르기만 하면 된다. 사실 그 지팡이는 언제나 제자리에 놓여 있었고, 우리가 그것의 존재를 몰랐던 것도 아니다. 나는 여러분이 실수를 하더라도 그 지팡이를 휘두르는 연습을 계속해서 저마다의 작품을 멋지게 만들어내기를 기원한다. 우리가 해야 할 일은 항상 옳은 선택을 하는 것이 아니라, 잘못된 선택을 하더라도 책임을 인정하고 그로부터 발전하는 것이 아니었던가. 앞으로도 우리는 서로의 인생에서 내리는 선택에 많은 영향을 끼치게 될 텐데, 늘 우리가 천왕성에 갈 필요가 없는 훌륭한 지구인임을 증명하면서 살 수 있기를 바란다.

— 옮긴이 최 소 영

인생이라는 게임에 뛰어든 당신에게

우리 운명은 스스로 선택한 것이다.
– 라샬리에 *Lachalier*

당신은 스스로 선택한 존재다. 인간의 삶은 복잡하고 모호해 보이기도 하지만, 사실 매우 단순하다. 모든 삶은 한 개인이 선택한 결과의 산물이라는 사실만 기억해두면 된다. 당신은 매순간 당신의 삶을 결정하고 있다. 당신은 회사의 사장이 되기로, 놀고먹기로, 사랑에 빠지기로, 이혼하기로, 복권에 당첨되기로, 죽을병에 걸리기로 선택할 수 있다. 이 모든 것은 어느 누구도 아닌 바로 '당신'이 선택한 것이다. 아무도 당신을 대신해 선택할 수 없다. 그래서 여러분은 스스로 되길 선택한 존재다.

헛소리 당장 집어치우라고? 나는 이미 세미나나 강연회 또는 기업 컨설팅에서 당신들의 이 같은 반응을 여러 번 경험했기에, 이 글을 읽는 사람들도 어떤 반응을 보일지 벌써 눈에 선하다. 요즘 같은 세상에 개인이 자신의 삶과 운명을 전적으로 통제할 수 있다고 믿는 사람이 있겠는가? 혹 운이 좋아 '약간의' 통제력쯤을 발휘할 수 있을지 몰라도 '전적인' 통제력을 행사한다는 것은 허무맹랑한 소리다. 오늘날과 같은 복잡한 사회에서, 어느 누구도 자신의 삶에서 일어나는 모든 일을 전적으로 책임질 수 없다는 것은 모든 사람이 알고 있는 사실이다.

우리는 자신에게 발생한 부정적인 결과에 대해서 항상 다른 사람을 탓한다. 우리의 무능력에 대해 '변명거리가 없을까?' 하며 주위를 두리번거린다. 우리는 테러리스트, 마약 밀매상, 포르노 작가, 아동 학대범, 가정 폭력범, 고장 난 알람시계, 대기업, 강대국, 강도, 피부색, 높은 이자, 나쁜 날씨, 울려대는 전화기, 폭력적인 TV프로그램, 부실한 공교육, 성차별, 가난, 부패한 정치인, 인종차별주의자, 교통체증, 설탕, 바이오리듬, 음주 운전자 등 책임을 돌릴 수 있는 모든 사물과 사건에 대해 스스로 인질이 되고 있다.

인류의 운명은 특정한 사람이나 사건에 의해 결정되기 때문에, 우리는 그저 역사의 물결에서 둥둥 떠다니다가 운명의 물살에 휩쓸려 떠내려가는 코르크 마개 같은 존재라고 믿고 있지 않은가? 혹시 우리는 운명이 타인에 의해 조작된 프로그램이라고 생각하지 않는가? 우리는 삶이 항상 '받아들여야 하는 것', 즉 외부의 사건이 우리 경험을 형성하고 조종한다고 배우지 않았는가? 우리는 삶이 그저 '신의 뜻'이나 '주사위 놀음'에 의해 결정되는 것이라고 생각하지 않는가? 우리는 삶의 고난에 '대처'하는 방법을 담은 잡지에 의존하지 않는가?

삶은 죽음에 맞서는 헛된 몸짓이라는 말을 이미 귀에 박이도록 들었지 않은가?

우리는 더 이상 운명을 믿지 않는다. 이 때 운명이란, 외부 명령에 의해 부여된 것이 아니라, 우리 스스로 통제하는 내부의 운명을 말한다. 우리는 목표의식을 상실했고 자아를 포기했다. 우리는 자신을 타인과 외부 사건에 볼모 잡히게끔 방치했다. 우리는 마음에 들지 않는 모든 것에 대해 다른 사람을 탓하고 그 과정에서 자신의 선택권을 축소하고 있다. 그러나 아무리 부인하고 싶어도 당신은 스스로 선택한 존재다. 당신이라는 존재는 매일 당신의 삶에서 당신이 내린 선택의 결과물이다. 내가 화장실 벽에 아무렇게나 휘갈겨진 낙서처럼 너무 쉽게 말한다고 생각하는가?

천만에! 모든 사람들이 스스로를 소중한 존재라고 믿는다면, 그래서 자신의 운명을 주도할 수 있다고 믿고 또 그들 자신의 삶을 경영할 줄 안다면, 혹은 아이들이 '삶이란 끊임없는 선택을 통해 구체화되는 것이므로, 우리는 빈 캔버스에 수백만 가지의 물감으로 각기 다른 삶의 이야기를 그려내는 화가다' 라는 철학을 배우면서 자라고만 있다면, 나는 지금 당장 펜을 내려놓을 것이다!

우리는 삶에서 우리가 경험하는 모든 것에 책임이 있다는 것을 인식해야 한다. 이 책은 당신이 어떻게 살아야 하고, 어떻게 살면 안 되는지를 설교하는 책이 아니다. 그것은 당신이 선택할 문제다. 미안한 말이지만, 당신이 막노동꾼이 되든지 정치가가 되든지, 독신으로 살든지 결혼을 몇 번이나 하든지, 비만이 되든지 알코올 중독자가 되든

지, 무신론자가 되든지 기독교 신자가 되든지, 전쟁 미치광이가 되든
지 평화주의자가 되든지, 내가 알 바 아니다. 난 단지 당신이 개인의
삶과 경험, 자신을 바라보는 방식 모두가 '개인의 선택' 이라는 것을
깨닫기 바란다. 어느 누구도 당신의 선택을 대신할 수 없다.

　이 책은 쉬운 책이 아니다. 어쩌면 당신은 이 책을 읽느니 자신에게
일어나는 모든 일에 대해 남을 책망하면서 사는 편이 훨씬 더 쉬울지
모른다. 누구나 그렇게 하고 사니까. 나는 '삶을 운영하는 12가지 황
금률' 이나 '생활방식을 획기적으로 바꿀 수 있는 10가지 처방전' 같
은 것을 던져주고, "자, 이제 어려운 상황이 찾아올 때마다 주머니에
서 꺼내보세요."라고 말하지 않을 것이다.
　이 책은 또한 결코 녹록하지 않을 것이다. 이 책은 친구를 어떻게
사귈까, 다른 사람에게 어떻게 영향력을 행사할까, 어떻게 남이 자기
말을 잘 듣도록 할까를 입심 좋게 늘어놓는 책이 아니다. 세상을 어떻
게 고치는지, 혹은 어떻게 하면 남의 재물로 손쉽게 부자가 될 수 있는
지를 말해주는 책은 더더욱 아니다.
　이 책은 어쩌면 모험일 수도 있다. 당신은 여기 제시된 삶을 바라보
는 새로운 방식들에 적잖은 당혹감을 느낄 것이다. 당신은 더 이상 다
른 사람이나 외부의 사물, 사건을 핑계로 '알리바이' 를 댈 수 없다.
많은 사람들이 자신의 단점을 고쳐 줄 책이나 권위자, 세미나 등을 찾
아다니는 데 혈안이 되어 있다. 그들은 누군가가 자기들을 위해 조직
도를 정비해주어, 직장에서 다른 사람들을, 집에서는 가족들을 관리
할 수 있게 되기를 바란다. 그들은 삶을 어떻게 정비하고, 어떻게 다

른 사람들을 관리하고, 어떻게 돈을 벌고 저축을 하며, 어떻게 시간을 절약할 수 있는지 알고 싶어 한다. 그렇지만 이 책은 오직 하나의 처방만을 제공할 것이다. 바로 자기 자신에게 질문하라는 것이다!

스스로에게 무엇이 최선인지 자기 자신보다 더 잘 아는 사람은 없다. 그 어느 누구도 당신보다 당신 자신을 더 잘 관리할 수 없기에, 당신을 관리할 수 있는 사람은 오직 당신뿐이다.

나 또한 인생의 해답을 찾으려고 오랜 세월을 헤매며 다녔다. 결국 나는 그 해답이 자기 스스로의 '총책임경영(Total Responsibility Management)'에 있음을 깨닫게 되었다. 이는 삶에 대한 자기경영 방식이자, 당신에게 필요한 유일한 자기관리법이다. '총책임경영'은 삶을 대하는 태도 그 자체다.

나는 스스로를 잘 관리하는 사람만이 자신이 속한 조직과 가정도 잘 관리할 수 있다고 믿고 있다. 남들과 좋은 관계를 유지하려는 사람들은 먼저 그들 자신과 좋은 관계를 맺어야 한다. 아이들이 자기 삶을 잘 관리하고 책임을 지도록 가르치기 위해서는, 부모가 먼저 자기 삶을 잘 관리하고 통제해야 한다.

이는 처음에는 어렵고 불가능한 것처럼 보일 수도 있다. 하지만 오직 당신만이 스스로에 대해 직접적인 통제권을 가지고 있으며, 당신만이 당신의 삶을 경영할 수 있다는 사실을 깨닫는다면, 당신의 삶은 새로운 변화를 맞이하게 될 것이다. 당신은 스스로의 삶을 책임질 수 있는 위치에 서게 될 것이다. 당신이 손에 쥐고 있는 선택권이 과거보다 훨씬 커졌음을 느끼는 데 그리 많은 시간이 걸리지 않을 것이다. 당신은 실패를 성공으로 바꿀 수 있게 될 것이다. 당신은 더욱 자신감을 갖게 되고, 스스로를 억압하거나 좌절하는 일이 줄어들고, 피해자가 아니라 실행자가 될 것이다. 책임을 받아들이는 사람만이 발전할 수 있다.

사실, '우리가 내린 선택의 책임은 전적으로 우리가 져야 한다'는 주장에는 전혀 새로울 것이 없다. 우리는 어린 시절부터 부모님과 선생님, 목사님, 정치가, 철학자들로부터 이런 가치에 대해 귀에 못이 박이도록 들어왔다. 하지만 불행히도 그 가치를 고스란히 담은 모범 사례를 찾는 것은 낙타가 바늘구멍을 통과하는 것보다 어려웠다. 우리의 영웅들은 일이 잘될 때는 너도나도 자기에게 공을 돌리지만, 일이 조금이라도 틀어지면 곧 불평하며 남을 탓했다. 많은 사람들이 머리로는 이 원칙을 알고 있으면서도, 그것을 실제로 적용하는 데는 몹시 서툰 탓이다.

내가 여기서 말하는 '총책임경영' 원칙들의 대부분은 이미 문화라는 천을 짜고 있는 실들과 같다. 여러 가닥이 보기 흉하게 삐죽삐죽 튀어나와서 문제지만….이 책에서 내가 하고자 하는 바는 독자들이 이미 가지고 있는 이 원칙들을 다시 한 번 검토하고, 보다 심오한 통찰력을 제공하고자 하는 것이다. 나는 현대인들이 책임감을 어디에 두고 다니는지, 어떻게 되찾을 수 있는지, 직장이나 가정에서 어떻게 성공적으로 적용할 수 있는지에 대해 탐구할 작정이다.

미리 말해두지만, 당신은 이 책을 읽으면서 충격을 받거나 덜컥 화를 낼지도 모른다(그러나 그것도 사실 여러분이 스스로 충격에 빠지거나 화나도록 허락하는 것이다. 조금 더 읽어보면 이해가 갈 것이다). 당신들 중 일부는 내 관점에 동의하지 않을 수도 있다. 물론 괜찮다. 당신에게 도움이 되는 가치를 이끌어내기 위해 여기 쓰인 모든 생각을 다 받아들여야 하는 것은 아니다. 이 책을 슈퍼마켓이라고 생각하고, 당신의 삶에 무엇이 가장 적합한지 직접 골라보라! 이 책은 삶과 동떨어진 난해한 철학서가 아니다. 이 책은 당신이 "아하!" 하며 감탄할 만큼 당신 주변에서 흔히 있을 법한 예시와 일화들로 가득하다. 이 책은 우리를 더욱 더 효율적인 '자기경영자'가 되도록 하는 실용적이고 현실적인 도구를 제공하는 상식서다.

나는 앞으로 우리들 각자가 소중하고 유일무이한 존재라는 점을 누누이 강조할 것이다. 우리 각자는 재능과 창조성, 지식과 자기가치, 에너지와 사랑의 무한한 보물창고다. 오직 결과가 아닌 원인으로서만 행동할 때, 우리는 비로소 그 보물창고에 있는 보물을 가질 수 있다.

이것은 인생이라 불리는 게임에 대해 쓴 책이다. 삶은 게임이다. 지구는 게임이며, 미국도 이라크도 게임이고, 비즈니스도 농사도 결혼도 게임이다. 각각의 게임에는 저마다 다른 규칙이 있기 때문에, 게임을 할 때는 그 게임의 규칙을 충분히 이해해야 한다. '인생'이라는 게임의 규칙들은 본래부터 하나로 정해져 있었지만, 우리들 대부분은 그 규칙을 잊거나 그 규칙에 따라 게임하길 거부하는 듯하다. 특히 가장 기본적인 규칙인 '당신은 스스로 선택한 존재'라는 사실을 자주 잊어버리는 것 같다.

당신은 모노폴리(Monopoly : 보드게임의 일종으로 참가자 중 한 사람이 파산할 때까지 부동산을 사고팔아 가장 재산이 많은 사람이 이김 – 옮긴이)라는 게임을 잘 알고 있을 것이다. 부모님이 게임 세트를 사서 집에 가져오셨을 때를 기억하는가? 당신은 비닐로 포장된 상자를 열어 제자리에 가지런히 놓여 있는 작은 조각들을 보았을 것이다. 말들의 이름은 스코티 독, 탑 햇, 슈, 스케이트, 아이언, 팀블이다. 대부분 자기가 즐겨 사용하는 말이 있었을 것이다. 우리는 그 말이 마치 자신의 분신인 것처럼 생각했다. 내 말은 팀블이었고, 팀블을 고르지 못하면 죽어도 게임을 안 했다. 모노폴리 게임을 처음 시작할 때, 여러분은 설명서에서 규칙을 읽었을 것이다. 우선 목적은 될 수 있는 한 많은 재산을 모으는 것이다. 주사위를 던져 말로 게임판을 시계 방향으로 돌며, 감옥 등 위험한 곳은 피하고, 모은 재산을 투자가치가 있는 곳에 투자하고, 다른 사람이 땅을 독점하지 못하도록 하며 자기의 재산을 늘려나간다.

삶은 모노폴리 게임 같은 것이다. 우리 모두 각자의 말을 가지고 있다. 내 말은 '테드' 라는 이름을 가졌고, 여러분의 말은 '도로시' 나 '메건', '스코트' 나 '루스', '제레미' 나 '발레리' 등의 이름을 가졌다. 그리고 우리는 삶이라는 게임 판에서 놀며, 감옥에 들어가지 않기 위해, 무료 주차권과 복권을 얻기 위해 노력하며, 가족과 건강하게 생활하며 자기 일을 즐기려고 애쓴다. 이 책은 그 '인생' 이라는 게임에서 잠시 벗어나, 우리가 게임을 얼마나 잘 하고 있는지를 재검토해볼 기회를 줄 것이다. 인생이라는 게임의 규칙은 무엇인가? 우리는 정말 그 게임을 하고 있기는 한가? 당신의 삶은 당신이 바라는 방향으로 진행되고 있는가? 당신의 바람이나 꿈, 희망과 너무나 동떨어져 있는 것은 아닌가? 나는 스물두 살 때까지는 인생이라는 게임을 꽤 잘 했던 것으로 기억한다. 하지만 서른한 살이 되던 해부터 난 게임을 중단했고, 그 이후로는 들락날락했었다.

여러분이 평범한 2류 인생을 살기를 바라는 사람이라면, 사사건건 변명을 일삼는 사람이라면, 다른 사람이 대신 자기 일을 결정해주기를 바라는 사람이라면, 사람들이 자신에게 한 약속을 지키지 못한다 해도 별로 신경 쓰지 않는 사람이라면, 형편없는 서비스를 받고도 그냥 넘어가는 사람이라면, 본인이 비생산적일뿐더러 주변의 사람들까지 비생산적으로 만드는 사람이라면, 삶의 목표를 이루지 못해도 전혀 개의치 않는 사람이라면, 이 책을 내려놓기 바란다. 반면, 자신의 삶에 책임지기를 원하고 더 만족스럽고 즐거운 선택을 하기를 바라는 사람이라면, 인생이라는 게임에서 최후승리자가 되고 싶은 사람이라면, 주저없이 이 책을 읽으라.

CONTENTS

CHAPTER 1 그건 내 잘못이 아니야

CHAPTER 2 자기 낙하산 직접 점검하기

책임은 유일무이한 개념이다. 책임은 한 개인에 내재되어 있으며 타고난 것이다. 책임을 다른 사람과 나눌 수 있을지 모르지만, 그렇다고 해서 자신의 책임이 줄어들지는 않는다. 책임을 다른 사람에게 위임해도, 자신의 책임을 면할 수는 없다. 아무리 부인하고 싶어도, 책임은 결코 벗어날 수 있는 것이 아니다.

– 하이만 릭오버 *Hyman Rickover* 해군 제독

그건 내 잘못이 아니야

모른다는 구실은 결코 우리들의 책임을 소멸시키지 않는다.
– 라스킹 *Lasking*

책임회피는 아주 인기 있는 오락이 되었다. 야구, 축구, 농구, 골프를 몽땅 다 합쳐도 이 게임을 즐기는 사람의 수를 따라잡지 못한다. 책임회피는 단순한 관전 스포츠가 아니다. 한 사람이 자기 행동 또는 살면서 생기는 일에 대한 개인적 책임을 회피할 때, 모두가 그 게임을 하고 있는 것이다. 아무도 자신이 한 일에 대해 당당하게 책임지려 하지 않는다. 특히 바람직하지 못한 일이 일어났을 때는 더욱 그렇다. 처음에 사람들은 기꺼이 위험을 무릅쓰려고 하지만, 결과가 나오면 태도가 급변한다. 사람들이 이런 저런 일에 대해 다른 사람이나 사물을 탓하며, 자기 자신의 어리석음이나 실패를 인정하지 않으려 하는 행태는 어디서나 쉽게 찾아볼 수 있다. 책임회피자들이 모여 사는 세상에서는 어떤 일이든 '항상' 다른 사람의 잘못이다.

내가 과장한다고 생각하는가? 그런 사람이 그리 많지 않다고 지금 불평하고 있지는 않은가? 몇 가지 기사들을 살펴보자.

● 1984년 여름에 일어났던 무시무시한 사건을 잊어버린 사람은 별로 없을 것이다. 실직자였던 41세의 제임스 허버티*James Huberty*는 맥도널드 캘리포니아 주 이시드로 지점에서, 21명의 직원과 손님들을 살해하고 19명을 부상 입힌 뒤, 특별 기동대에게 저격당해 사망했다. 그로부터 2년 뒤 허버티의 아내는 맥도널드와 다른 기업들이 자기 남편의 폭력성을 조장했다며 그들에게 5백만 달러를 배상하라는 소송을 냈다. 그녀는 맥도널드가 자기 고객과 직원들의 죽음에 대해 책임이 있다고 주장했다. 맥도널드에서 늘 글루탐산나트륨을 음식에 첨가했기 때문이다. 그녀는 또 죽은 남편의 혈액이 납과 카드뮴에 심하게 중독되어 있었다고 주장했다. 남편이 산업용 보일러를 만드는 회사에서 용접공으로 일했기 때문이다.

● 세계적으로 가장 유명한 테니스 대회 중 하나인 US 오픈 테니스 챔피언십 중 1986년 뉴욕 대회에서, 존 매킨로*John McEnroe*와 그의 복식 파트너인 피터 플레밍*Peter Flemming*은 경기에 지각을 해서 실격처리 되었다. 그들은 격분했다. "왜 좀더 기다리면 안 되는 거죠, 차가 막히는 걸 어쩌란 말이에요?"

● 정치인과 정부 관료들보다 더 변명을 많이 하는 사람들을 찾아보기는 힘들 것이다. 1986년 11월, 미국이 이란에 무기를 비밀리에 판매하고 그 대금의 일부를 니카라과의 콘트라 반군에게 지원했던 사실이 밝혀졌을 때, 레이건 대통령은 백악관만 제외하고 모두를 비난했다. 그는 언론이 사건을 폭로하지 않았다면 그것이 이슈화되지 않았을 거라며, 사건을 폭로한 사람을 특히 비난했다. 레이건 대통령은 이렇게 변명했다. "나는 그런 보고를 받은 바 없습니다."

● 어디 레이건 대통령뿐이겠는가. 아무 대통령이나 정치인이나 찍어 보라. 변명제조기가 아닌 사람이 드물 것이다. 리처드 켈리*Richard Kelly* 전 의원은 2만 5천 달러의 뇌물을 수수한 혐의에 대해, 자신도 함정수사에 참여하고 있었던 것이라고 변명했다.

● 남을 책망하는 내용으로 책 한 권을 충분히 써내는 사람들이 있다. 벤딕스 사에서 회장 윌리엄 에이*William Agee*의 사랑을 한 몸에 받아 파격승진까지 했던 메리 커닝햄*Mary Cunningham*은, 회장의 총애가 사라지자 《파워플레이 : 벤딕스에서 일어난 일》이라는 책을 썼다. 그 책에서 메리는 언론을 포함한 모든 사람이 자기가 윌리엄의 은총에서 벗어나게 된 데 책임이 있다고 주장했다.

● 1986년 8월, 우체국에서 파트타임으로 일하던 패트릭 셰릴*Patrick Sherrill*은 일을 잘 못한다는 이유로 해고당한 뒤, 오클라호마 주의 에드먼드 지점으로 가서 3개의 권총으로 14명의 간부와 직원들을 죽이고 6명 이상을 부상당하게 한 뒤, 스스로 목숨을 끊었다. 그 살인사건의 공포만으로 부족하기라도 한 듯, 우리는 미국 우편배달부 협회장

으로부터 다음과 같은 변명을 들어야 했다.

"이 엄청난 사건에 정말 당황스럽고 충격을 감출 수 없습니다. 우리는 셰릴 씨가 오클라호마 우체국의 무책임하고 강압적인 직원 관리 방식 때문에 궁지에 몰렸었다고 믿어 의심치 않습니다." 죽은 사람들이 죽을 만한 짓을 했다는 것이다.

책임 떠넘기기는 우리 각자가 궁극적으로 우리 존재 자체에 대해 책임이 있다는 원칙을 무력하게 만드는 또 다른 방법이다. 우리가 밭에 비료를 뿌리듯 사회 전체에 책임감을 퍼뜨릴 수 있다면 얼마나 좋을까.

당신에게 한 가지만 묻겠다. 당신도 혹시 가난과 실직, 인종 차별, 기타 사회적 병리들의 원인이 '사회'에 있다고 주장하고 다니지는 않는가?

내게 손해배상을 하라

책임회피는 경제적 이득을 위해 반드시 필요한 도구가 된 것 같다. 바보같이 왜 스스로 책임을 지겠는가? 든든한 보험을 들어두고 있는 회사에 책임을 덮어씌울 수 있는데 말이다. 왜 무식한 방법으로 돈을 벌려고 애쓰겠는가?

● 웨스트버지니아에서, 폐암으로 투병중이던 세 남자가 담배회사들을 상대로 930만 달러를 배상하라는 소송을 냈다. 그들은 그 회사들이 니코틴의 폐해와 중독성에 대해 충분히 경고하지 않았다고 주장했다.

● 한 남자가 샤워를 하다가 몸을 데었다며 호텔을 고소했다. 온수 시스템에는 아무런 문제도 없었다. 손님 스스로도 자기가 직접 물을 틀었고, 물 온도를 가늠해보지 않고 물에 들어갔다가 데었다는 것을 인정했다. 앞으로 호텔 경영자들은 엄마가 아기 우유 온도를 확인하고 먹이듯, 손님 옆에서 물 온도를 맞춰줄 직원을 두어야 할지도 모른다.

● 자기 실수에 대해 남을 탓하는 바이러스는 비즈니스계도 감염시켰다. 미국이 직면한 엄청난 무역수지 적자의 주된 이유는 미국 기업들이 질 좋은 상품을 저렴한 가격에 생산하지 못했기 때문이다. 하지만 미국 비지니스계와 의회는 불공정한 무역 관행을 앞세워 일본을 비롯한 다른 나라들을 비난한다.

● 농부들은 경제적 어려움을 높은 이자와 낮은 농산물 출하가(出荷價), 나쁜 기후와 외국 농산물의 수입 탓으로 돌린다. 그들이 농기계를 너무 비싸게 구입했으며, 1970년대 후반에 무턱대고 농사를 너무 많이 지었다는 사실은 간과한다.

● 얼마 전에 나는 종교 작가인 마크 패틴킨*Mark Patinkin*이 〈R.I. 저널〉에 쓴 글을 보았다. 트랜스 월드 사의 비행기를 타고 아테네에서 출발했다가 납치당해 인질로 잡혔던 많은 사람들 중에 유독 한 여성만이 항공사를 고소하지 않았다. 그는 이 사실에 놀라며 그녀에게 이유를 물었다. "모두가 자기 행동에 대해 일정 부분의 책임을 져야 하니까요. 우리에게 그 비행기를 타라고 강요한 사람은 아무도 없었어요."

당신은 예외인가

이 모든 이야기가 당신과는 상관없어 보이는가? 당신은 납치를 당하거나 패스트푸드 점에서 총을 맞은 적이 없고, 존 매킨로야 애당초 실없는 소리나 떠벌리는 작자고, 농부들 일은 야채 가격이 오를 때나 잠깐 생각할까 말까 하니, 당신과는 별로 상관없는 것처럼 여겨지는가? 과연 그럴까? 정답부터 말하자며 '아니올시다!' 다.

- 나도 더 빨리 마무리하려 했어요. 하지만 애가 셋이나 되는데 어쩌겠어요.
- 당신은 병원에 예약을 하고도 1시간이 넘게 기다린다. 하지만 접수원에게 그런 당신에게 이렇게 말한다. "담당의사께서 아침에 응급 수술이 있었어요."
- 너무 바빴어.
- 다른 사람도 다 그래.
- 그이가 아이들을 때린 건 잘못이야. 하지만 그이는 직장에서 스트레스를 엄청 받았어.
- 어쩔 수 없었어.
- 주식에서 돈을 잃은 당신, 투자회사를 원망한다.
- 시계가 고장 났어.
- 늦어서 미안해. 회의가 생각보다 길어졌는걸.
- 하지만 엄마, 그건 내 잘못이 아니에요. 빌리가 먼저 그런 걸요.
- 너 때문에 화났어.
- 당신의 아이는 버릇이 없고, 맘에 드는 것은 뭐든지 사달라고 생떼를

쓰며, 게다가 편식까지 한다. 당신은 이 모든 원인이 텔레비전 때문이라고 단정 짓는다(아이들이 텔레비전을 계속 볼 수 있도록 '방치' 하는 것도 당신임을 잊지 말길).

● 어느 고등학교 여자 축구부 코치가 신문에 이런 글을 기고한 적이 있다. 선수들은 연습에 빠지거나 지각했을 때 코치에게 변명을 하곤 하는데, 거기에 걸리는 시간이 그가 선수들을 지도하는 데 걸리는 시간과 맞먹었다. 보다 못한 코치가 100가지의 변명리스트를 만들었다. "너 오늘 왜 늦었니?" "37번요!" (그 일로 실제 지각이 줄었는지는 아무도 모른다)

다음과 같은 말을 들어본 것이 언제인가? "늦어서 죄송합니다. 제시간에 오지 못한 데 대해 책임을 지겠습니다."

문제야, 문제

한 사회의 구성원들이 비이성적인 행동을 한 사람을 탓하기보다는 그들의 변명을 수긍하고, 오히려 패스트푸드 회사를 비난한다면 이건 여간 심각한 문제가 아닐 수 없다. 살인자의 미망인이 맥도널드를 상대로 승소했다면 다음과 같은 TV 광고들이 나오지 않겠는가?

"빨리빨리 햄버거를 드세요.
빨리빨리 햄버거는 맛도 좋고, 먹다가 죽을 위험도 없답니다."

나는 오클라호마 우체국의 살인자, 로버트 셰릴의 상사였던 그 '강압적인’ 매니저들도 셰릴과 마찬가지로 맥도널드에서 햄버거를 자주 먹지 않았는지 조사해볼 필요가 있다고 생각한다. 맥도널드 햄버거를 먹기 전에는 그들도 부드러운 남자였을지도 모르지 않는가?

글루탐산나트륨이나 납과 카드뮴이 우리 몸에 해롭지 않다는 말을 하려는 것이 아니다. 우리는 자신이 섭취하는 음식물에 주의를 기울였어야 한다. 자기가 이미 먹어놓고, 누구를 탓한단 말인가? 음주운전자가 사람을 죽여놓고, 몸과 마음에 즐거운 일을 해주는 액체가 원인이라며 자기 책임(여기서는 법적인 책임이 아니라 개인적 책임을 말하는 것이다)에 대해 변명할 수 있을까? 사람이 술에 취하면 통제력을 상실하게 된다는 것은 누구나 아는 사실이다. 그 사실을 알면서도 술을 마시기로 ‘선택’ 했다면, 그 다음에 일어난 일도 마땅히 그 사람의 책임이다.

극악무도한 살인의 원인을 글루탐산나트륨에 돌리는 것이 당신에게도 어처구니없는 소리로 들리는가? 그러면 당신은 보다 일반적인 의미에서, 범죄의 원인을 범죄자가 과거에 겪은 경험, 가령 아동학대, 빈곤, 마약, 스트레스와 같은 일들에 돌릴 수 있다는 통념을 받아들일 수 있는가?

맥도널드 살인자의 경우, 범죄학자와 심리학자들은 왜 그가 사람들을 죽였는지, 나름대로의 결론을 재빠르게 내렸다. 그는 결손가정에서 자랐으며, 대인관계도 매우 서툴렀다. 게다가 그는 마음 깊은 곳에 사회를 향한 분노를 품고 있었다. 여기까지는 우리가 신문지상에서 흔히 볼 수 있는 분석 내용들이다. 별 다를 것은 없다는 이야기다. 나는 여기서 그런 분석의 타당성이나 가치를 논하려 하는 것은 아니다. 물론 그런 분석은 범죄행위를 이해하는 데 유용한 배경지식을 제공할 수 있다. 그러나 그 분석이 살인에 대한 '변명' 이 될 수는 없다. 제임스 허버티는 샌 이시로에서 스스로 살인을 하기로 결정했기 때문에, 21명의 사람을 죽인 것이다(맥도널드에서 그날 죽기로 선택한 사람들에 대해서는 나중에 더 얘기하겠다. 나에게 항의하고 싶은 거 다 알고 있다. 조금만 참으라).

아이들의 버릇없는 행동의 원인을 텔레비전 광고에서만 찾으려 한다면 우리는 곤란에 처할 수밖에 없다. 정치인들이 국가와 세계의 병폐를 해결하는 방안으로 경쟁관계에 있는 정당(party)과 국가에게 책임을 전가시킬 때, 아니면 '우리 힘으로 어쩔 수 없는 요인들' 이라며 스스로 손을 놓아버릴 때, 우리는 곤란에 처할 수밖에 없다. 직장에 지각한 이유를 나쁜 날씨와 교통체증에 돌릴 때, 우리는 곤란에 처할 수밖에 없다. 건강이 나빠진 이유를 담배에서만 찾으려 할 때, 우리는 곤란에 처할 수밖에 없다.

담배회사들에게 소송을 건 남자의 경우를 다시 살펴보자. 내 말을 오해하지 말길 바란다. 나는 담배회사가 그들이 생산한 상품에 대한 사회적 책임에서 '완전히 자유롭다' 라고 말하는 것이 아니다. 모든 기업은 생산한 상품의 효능이 광고와 일치하고, 그 상품이나 상품의 생산 과정이 소비자에게 전혀 해가 없다는 것을 전적으로 보증해야 할 의무가 분명히 있다. 기업이 소비자와의 약속을 지키지 못했을 때는 분명 그에 상응하는 대가를 치러야 한다. 그러나 내가 진정으로 하고 싶은 말은 '소비자에 대한 경고 문구'를 보고 실행에 옮기느냐 마느냐를 최종적으로 선택하는 것은 소비자의 몫이라는 것이다.

웨스트버지니아의 세 남자는 지난 20년간 대체 어디에 살았기에 흡연이 폐암의 원인이 될 수 있다는 사실을 몰랐을까? 왜 그들은 건강의 적신호가 왔을 때 곧바로 담배를 끊겠다는 결단을 내리지 않았을까? 담배회사 직원들이 이들을 묶어놓고 목구멍에 담배연기를 강제로 흡입시키는 고문이라도 했단 말인가? 흡연으로 인해 엄청난 피해를 본 사람은 결국 누구인가? 담배회사들은 보상금을 지불하면 그만이지만, 암으로 죽을 위기에 처한 사람들은 바로 그들 자신이다.

지나친 흡연이 지나친 음주, 납중독, 글루탐산나트륨 섭취와 마찬가지로 우리 몸에 해롭다는 데는 의심의 여지가 없다. 물도 지나치게 섭취하면 해롭지 않은가? 그러나 나는 그럼에도 불구하고 '담배 그 자체는 암을 유발하지 않는다!'고 주장하고 싶다. 문제는 담배가 아니다. 담배는 두뇌도 감정도 없는 일개 식물일 뿐이다. 그것은 그저 들판에 피어 있다가 썩어 생명을 다할 때까지 우리에게 아무 짓도 하지 않는다. 당신이 담배피기를 '선택'했기에 파국을 직면하게 된 것이다.

책임 회피하기

책임회피는 인류가 다른 모든 생물과 구별되는 가장 큰 특징을 포기하는 것이다. 책임회피를 함으로써 우리는 자신의 인생을 주관적으로 결정하며 이끌어가는 능력을 상실해버린다. 우리는 점점 자신을

'희생자'로 만들고 있다. 우리는 술집에서 술을 판 것이 잘못이라며 음주 운전자를 피해자로 둔갑시킨다.

책임회피의 결과는 서비스업을 생각하면 쉽게 이해할 수 있다. 호텔에 가면 품위 없이 행동하는 접수계원들이 있고, 상점에는 당신이 들어오든지 말든지 신경 쓰지 않는 직원이 있다. 자동차 수리공은 당신이 수리 받은 지 이틀이 채 되지 않았다고 따져도 전혀 미안해하지 않는다. 모두가 다른 사람에게 책임을 돌리기 때문에, 내가 적극적으로 나설 이유가 없는 것이다.

정치인들이 너도나도 다른 정치인들 탓만 하고 앉아 있음에도 불구하고 우리가 그것을 방관만 한다면, 우리는 우리가 직접 선출한 정부에 대해 통제력을 상실하고 마는 꼴이 된다. 그 결과 우리는 거대하고 비효율적인 관료정치가 우리의 모든 삶을 통제하도록 허락한다. 그리고 그로 인해 빚어진 온갖 결과에 대해서 끊임없이 불평한다.

다른 사람이 우리의 행동과 경험에 대해 책임을 지게 할 때, 우리는 우리 자신의 본질을 잃게 된다. 자신의 경험에 대해 남을 탓하는 순간마다 우리 자신은 작아진다. 우리는 무엇이든 시도할 수 있는 사회에 살고 있지만, 그로 인한 결과는 받아들이고 싶어 하지 않는다. 남을 탓하기를 그만둘 때만이, 각자가 자기 삶에 대해 책임을 져야 한다는 것을 깨달을 때만이, 우리는 최고 수준의 개인적 성취와 생산성, 효율성, 행복을 달성할 수 있을 것이다.

Chapter 2

자기 낙하산 직접 점검하기

자기가 자기 덫을 치고, 우리는 그것을 운명이라 부른다.
─벤자민 디스라엘리 *Benjamin Disraeli*

낙하산을 타기 위해서는 먼저 기본기를 배워야 한다. 그 기본기 중 하나는 자기 낙하산을 제대로 점검하는 법이다. 대부분의 스카이다이버들은 자기의 낙하산 장비를 직접 챙긴다. 제아무리 날고뛰는 전문가라 해도 낙하산에 고장 난 곳은 없는지, 조립은 제대로 되었는지를 꼼꼼히 확인한다. 간혹 망가진 낙하산으로 비행기에서 뛰어내렸다가 가까스로 살아남은 사례가 있다곤 하지만, 대부분의 사람은 이런 위험천만한 모험을 꿈꾸지 않는다. 그럼에도 불구하고 대부분의 사람들은 가정이나 직장에서 매일 자기 낙하산을 직접 준비하지 않으며, 다른 사람이 자기 장비를 제대로 챙겼는지도 확인하지 않는 것 같다. 그들은 항상 다른 사람이 자신의 낙하산을 제대로 점검했다고 굳게 신뢰한다(즉 그들은 다른 누군가가 그들의 최선의 이익을 위해 노력한다고 가정한다). 하지만 그들은 무엇인가 잘못되면 짐을 싼 사람과 낙하산 제조회사, 조종사, 비행기 수리공, 비행기에 기름을 넣은 사람, 비행기 제조회사 등을 비난한다. 아마 그들은 라이트 형제까지 고소했을지 모른다.

1986년 1월 28일, 챌린저호가 폭발해 탑승해 있던 7명의 조종사들이 사망한 사건을 기억할 것이다. 나는 얼마 전 7명의 조종사 중 한 사람의 아내가 보조 로켓을 만든 제조회사와 설계자를 고소했다는 기사를 보았다. 나는 챌린저호가 폭발하자마자 조종사 유가족들의 대규모 소송이 진행되리라고 예상했다. 나쁜 일은 늘 다른 사람의 잘못이니까! 챌린저호 사건이 있은 뒤 수사는 예상대로 진행되었고, 그와 더불어 책임을 둘러싼 법정 공방도 계속됐다. 죽은 조종사들에게는 전혀 위로가 안 되는데도 말이다.

챌린저호 사건을 쭉 지켜보면서, 가장 의아스러웠던 점은 출발 전부터 조종사들은 챌린저호의 결함을 상당 부분 알고 있었다는 점이다. 예를 들어 패킹용 고무의 안전성 문제는 3년 전부터 제기되었던 것이다. 그러나 조종사들은 '그 위험천만한 하드웨어 조각'에 용기 있게 탑승했다. 그들은 다른 사람이 자기 낙하산을 정비하도록 내버려둔 것이다.

자기 짐 직접 싸는 법 배우기

그러면 우리는 어떻게 스스로 낙하산을 점검하는 법을 배울 수 있을까? 어떻게 남이나 다른 사물을 탓하는 고질적인 버릇을 고칠 수 있을까? 어떻게 스스로 책임질 수 있을까?

다음의 원칙을 고수하면 당신은 이 모든 물음에서 자유로울 수 있다.

"우리는 우리에게 일어나는 모든 일에 100퍼센트 책임이 있다."

100퍼센트다! 80퍼센트도 50퍼센트도 30퍼센트도 아닌 100퍼센트다! 인생에서 마음에 들지 않는 부분이라고 해서 다른 사람에게 떼어 주려 하지 말라. "나는 내게 일어나는 좋은 일들 70퍼센트에 대해서는 내 공로를 인정하고, 싫어하는 나머지 30퍼센트의 책임은 남에게 돌릴 것이다."라고 말하지 말라. 이 원칙을 다시 한 번 반복하겠다.

"우리는 우리에게 일어나는 모든 일에 100퍼센트 책임이 있다."

터무니없는 말이라고 생각하는가? 어떻게 자기 삶에 완벽한 통제력을 가질 수 있겠느냐고 말하고 싶어 입이 근질근질한가? 제아무리 부자고 막강한 권력을 가진 사람이라 해도 그런 통제력을 가진 사람은 없다고 주장하고 싶은가? 무슨 일이든지 관련된 다른 사람들은 있게 마련이라고 소리치고 싶은가? 정비사가 당신의 차를 약속한 시간에 고치지 못했고, 딸이 아파서 극장에 가기로 한 약속을 못 지켰으며, 동료가 자기가 맡은 부분을 끝마치지 못해서 당신이 제 시간에 보고서를 제출하지 못했는가? 그들이 그 일들에 대한 책임을 져야 하는가?

사람마다 '책임' 이라는 단어를 다르게 사용한다. 일반적인 의미의 책임은 비난이나 죄의 전가, 다른 사람이나 사물 헐뜯기, 또는 보상의 의무나 책무를 뜻한다. 그렇지만 나는 책 전체에서 '책임' 이라는 말을 어떤 것을 '유발한 원인' 이라는 뜻으로 사용할 것이다. 이제부터 책임이 있다는 것은 어떤 일이 일어나도록 '유발했다' 는 뜻이다.

우리에게 일어나는 일의 원인이 무엇인지 알고 있는가? 우리에게 일어나는 모든 일에 대해 개인적 책임을 다할 수 있는가? 그렇다. 결과는 거짓말을 하지 않기 때문이다. 삶은 순간들의 결합이며, 우리가 태어난 순간부터 죽는 순간까지 연속된 '지금' 의 나열이다. 당신의 최후의 지금은 이 글을 읽고 있는 순간이다. 시간이란 것은 없다. 오직 '지금' 만 있을 뿐. 과거도 한때는 지금이었다. 오늘 아침 당신이 일어난 순간은 그 때의 지금이었다. 20년 전은 어떤가? 그때도 지금의 순간이 있었다. 내일 아침은 또 다른 지금이 될 것이다. 미래가 다가오면 그때가 지금이 된다. '지금' 이 아닌 순간에는 아무 일도 일어나

※ 트리뷴 미디어 서비스로부터 재인쇄 허가를 받음

지 않는다는 것을 명심하라. 미래가 지금이 될 때까지는 미래에 아무 일도 일어나지 않는다.

지구상의 모든 지금은 과거 지금들의 결과다. 지금들은 우리가 원했던 것이나 되기를 바랐던 것이 아니라, 실제로 일어났던 방식 그대로 일어난 것이다. 미래의 지금은 우리가 바라고 희망하는 대로 일어나는 것이 아니라, 우리가 선택하거나 유발한, 또는 우리 스스로 그 지금의 순간들에 경험하기로 결정한 것들이다.

결과가 거짓말을 한다면, 그리고 우리 경험이 거짓말을 한다면, 그것들은 지금의 결과와 경험들이 아닐 것이다. 우리가 인생을 되돌릴 수 있다면, 우리는 항상 '옳은' 결정을 내릴 수 있을 것이다. 우리가 과거의 지금들을 변경할 수 있다면 말이다. 삶이 비디오 테이프처럼 돌릴 수 있는 것이라면, 우리는 미래의 지금들을 미리 보고 우리가 그 일들을 실제로 할지 안 할지를 판단할 수 있을 것이다. 그러나 그런 일은 없다. 실제로 삶은 끊임없이 일어나는 깜짝 파티와 같다.

많은 사람들이 '총책임경영'이라는 원칙을 받아들이는 데 어려움을 겪는 주된 이유는 지금 일어나는 결과의 원인이 무엇인가를 잘 이해하지 못하기 때문이다. 이렇게 한번 생각해보자. 당신은 언제나 좋건 나쁘건 간에 당신이 겪은 경험들의 결과로 고생한다. 탓할 사람이 있든 없든 상관없다. 아무도 당신의 경험을 대신 해줄 수 없기 때문이다.

우리는 자신이 한 많은 행동들과 그로 인해 빚어진 결과들에 책임지지 않는 법을 오랫동안 배워왔다. 우리는 어떤 일들이 그저 우리의 능력 밖이라고 말하는 법을 연습해왔다. '불운'이나 '날씨' 같은 다른 사물이나 사람에게 책임이 있다고 생각한다. 이해하는 것들에 대해서는 책임을 인정하는 편이지만, 이해하지 못하는 것이나 알지 못하는 것에 대해서는 책임지려 하지 않는다. 그러나 오직 우리만이 지금의 결과나 영향을 느끼는 존재다. 그것을 이해하느냐 마느냐하는 것은 아무 상관 없다. 당신이 스스로 한 선택에 책임이 있다고 믿든 그렇지 않든, 결과에 책임질 사람은 당신뿐이다.

결과 체험

1984년 10월 덴버에서 한 배심원단이 버짓 렌터카 *Budget Rent-A-Car*에게 940만 달러를 배상하라는 판결을 내렸다. 수혜자는 텍사스에 사는 한 부부였다. 이들은 콜로라도 산악지대에서 차를 몰고 가다, 눈길에 미끄러져 아내가 머리에 심한 부상을 입고 온몸이 마비되는 비극적인 일을 겪었다. 텍사스 주, 코퍼스 크리스티에서 여행 온 이 가족은 콜로라도에 있는 스키 리조트에서 크리스마스 휴가를 보내기로 하고 스태플레튼 국제공항 주변에 있는 버짓 렌터카에 스노타이어를 장착해 달라는 요청을 했다고 한다. 사건 직후 전문가들이 뒤쪽 타이어 두 개를 검사했는데, 그 타이어들은 스노타이어가 아닌 '심하게 닳은' 일반 타이어였다. 그래서 전문가들은 그 타이어를 사고의 직접적인 원인이라고 결론 내렸다. "타이어의 상태를 미리 알지 못했는가?"라는 재판관의 질문에 당시 운전자였던 남편은 이렇게 말했다. "전혀 알지 못했습니다."

당신은 이 사고의 책임이 누구에게 있다고 생각하는가? 나는 여기서 법적 책임을 논의하려는 것이 아니다. 버짓 렌터카가 법적으로 책임이 있는가 없는가 하는 문제는 '지금'의 결과와 아무 관련이 없다. 법적 절차는 오직 누가 병원비를 지불할 것인가를 결정짓기 위한 것일 뿐이다. 개인적 책임과 법적 책임은 공통점이 별로 없는 경우가 많다. 법적 책임은 '정의'를 분배하는 문제고, 누구나 인지하듯 정의란 대체로 그 결과를 경험한 사람이 아닌 다른 사람들에 의해 결정되고 집행된다. 그러나 누가 그 사고의 '지금'을 '유발'했는가? 누가 그 가족이 겪은 끔찍한 충돌 사고에 책임이 있는가?

처음부터 다시 되짚어보자. 콜로라도에서 스키를 타기로 선택한 것은 누구인가? 특정 시간을 선택한 사람은 누구인가? 스태플레튼 공항으로 간 사람은 누구인가? 버짓 렌터카에서 차를 빌리기로 결정한 사람은 누구인가? 모두 텍사스 가족이 선택한 것이다. 겨울철 콜로라도로 가는 고속도로에 눈이 많이 쌓여 있다는 사실은 누구나 알고 있다. 텍사스 가족은 이 점을 미리 알고 스노타이어를 달아 달라고 버짓 렌터카에 요청했다. 텍사스를 떠나 스태플레튼 공항을 거쳐 버짓 렌터카까지, 이 모든 과정들을 누가 선택하고 결정했는가? 텍사스 가족이다. 선택에 대한 책임의 소재지도 어디인가? 텍사스 가족이다.

하지만 버짓 렌터카에 도착한 이후부터, 이들은 자신의 행동에 책임지기를 중단했다. 경험 많은 운전자라면 어느 주에서 왔든지 상관없이, 타이어를 보고 그것이 '심하게 닳은' 일반 타이어라는 것을 알아차릴 수 있다(초보 운전자라 해도 거기에 대한 책임을 면할 수는 없다). 남편은 렌터카 업체를 떠나기 전, 타이어를 슬쩍 보기만 했어도 알았을 것이다. 아내는 또 어떤가? 스노타이어에 대해 전혀 모른다 하더라도 타이어가 낡은 것만은 확실했는데, 왜 렌터카 직원에게 스노타이어가 맞는지 확인해 달라고 말하지 않았을까?

회사가 그 요청을 거부했거나, 타이어를 검사한 사람이 성의 없이 대충 검사를 했다면, 텍사스 부부는 아마 다른 곳으로 갔을 것이다. 렌터카 업체는 수없이 많으며 특히 스태플레튼처럼 큰 공항 주변에는 두말할 필요도 없다. 버짓 렌터카가 그 가족에게 자동차를 빌려줄 때 태만한 태도를 보였는가, 그렇지 않은가는 법적인 문제다. 그 사건의 판결이 어떻게 나든, 그 가족은 그 사고에 대해 버짓 렌터카를 '탓할' 수 없다. 텍사스 가족은 그 사고와 아내의 전신마비를 포함하여 그들이 경험했던 모든 '지금'에 대해 전적인 책임이 있다. 여행이 잘 끝났다면, 부부가 버짓 렌터카나 다른 사람에게 영광을 돌렸을까?

왜 그들은 가족의 '지금'을 다른 사람의 손에 넘겨주려 하는가? 법적 시스템이 아내의 상태를 회복시켜줄 수 있다면, 사고가 일어나기 전으로 시계바늘을 되돌릴 수 있다면, 개인적 책임의 필요성은 그다지 중요하지 않을 것이다. 그러나 시계바늘을 거꾸로 돌릴 수는 없다. 아내는 영원히 장애자가 되었다. 아내와 가족은 자기 행동들과 무책임의 결과를 경험했다. 렌터카회사가 돈을 지불하는가, 그렇지 않은가의 문제는 그 사실을 근본적으로 바꿀 수 없다.

"우리는 우리에게 일어나는 모든 일에 100퍼센트 책임이 있다."

결과는 거짓말을 하지 않는다. 우리의 지금을 일으킨 데 대해 우리가 더 책임감을 가진다면, 더 만족스럽고 즐거운 지금들을 더 많이 갖게 될 것이다.

책임 나누기

책임 나누기는 우리 삶의 '선택'을 다른 사람에게 떠넘긴 채, 뭔가 나쁜 일이 일어났을 때는 남을 탓하는 삶의 태도를 말한다. 이러한 삶의 태도가 일상화된다면 개인적 삶과 직업적 삶은 피폐해질 수밖에 없다.

직원들은 상사를 탓하고, 상사는 직원과 노동조합을 탓하고, 기업들은 석유수출기구(OPEC)와 일본, 세금, 외국 철강제조회사들, 중국의 저임금과 대만의 상품 모방을 탓한다. 어떤 책임이든 나누기가 가능하다. 사람들은 조직 속에서 부분적인 책임만을 지려 한다. 부당하게 청구된 전기요금 때문에 전기회사에 찾아간 당신이 이런 말을 듣는다면 기분이 어떨까? "그 문제는 제 관할이 아닌데요." 당신이 듣고 싶은 말은 "네, 제가 무엇을 도와드릴 수 있는지 알아보겠습니다. 이쪽의 다른 분과 연결시켜 드릴 테니 문제가 무엇인지 말씀하십시오." 일 텐데 말이다. 기업에서 일하는 대부분의 직원들은 그들이 특정한 일에 대해 조금밖에 책임이 없다는 '믿음'을 출근할 때부터 아예 가방에 넣고 다니는 것 같다. 그들은 책임을 5퍼센트, 20퍼센트, 30퍼센트, 45퍼센트로 나눌 수 있다고 본다. "그것은 내 일이 아니야, 내 책임이 아니야"라는 식의 태도는 기업 문화 속에 깊숙이 침투해 있다.

기업 내에서 직원들은 마치 한 손의 손가락처럼 맡겨진 임무를 독립적으로 수행하지만, 공동으로 진행해야 할 업무에는 마음을 모아 막강한 주먹의 역할도 수행해야 한다. 하지만 각각의 손가락들이 자신의 책임을 서로 미룰 때, 주먹이 되기는 불가능하다.

당신이 어제까지 잘나가는 항공사의 직원이었는데, 오늘 갑자기 회사의 파산소식을 들었다고 가정해보자. 가족에게 뭐라고 말할 것인가? 누구를 탓할 것인가? 누가 정확한 서비스와 최고의 안전성과 고객 만족도를 자랑하던 명망 있는 항공사를 파산하게 했는가? 누가 당신의 실직에 책임이 있는가? 이 경우 책임은 항상 회사 사장에게 돌아가게 되어 있다. 자신의 '개인적인' 책임을 인정하는 것은 바보들이나 하는 짓으로 치부된다. 그러나 스스로에게 물어보라. 대학 졸업반이었던 5년 전, 회사에 입사서류를 들고 찾아간 사람은 누구인가? 전화로 합격 통보를 받고 환호성을 외치며 기뻐한 당신, 그 때 입사를 거절할 수도 있지 않았는가? 회사가 문 닫는 그날까지 자리를 지킨 당신은 정녕 조금의 책임도 없다고 자신할 수 있는가?

직접적이든 간접적이든 항공사의 붕괴로 인해 영향을 받은 모든 사람들은 '회사 파산에 대해 100퍼센트 책임이 있다.' 다른 사람이 내린 결정이나 행동에 책임이 있는 것은 아니라고 하더라도, 최소한 그런 결정과 행동의 '결과'를 경험하게 된 데는 당신에게 책임이 있다는 말이다. 처음에는 이 말이 단지 의미론적인 것으로 들릴지 모르지만, 다시 찬찬히 읽어보면 내가 전하고자 하는 진의를 알 수 있을 것이다.

당신은 스스로 항공사에서 일할 것을 '선택했다.' 당신은 고용되어 일하다가 항공사가 파산하는 경험까지 했다. 우리는 일이 틀어지면 그런 일이 일어날지 몰랐다고 말한다. 그러나 개인적 책임은, 직업적 삶에서든 개인적 삶에서든, 당신이 마음대로 켜고 끌 수 있는 스위치가 아니다. 당신은 삶에서 일어나는 모든 일에 책임이 있다는 것을 믿고 받아들이거나, 아니면 어느 것에도 책임이 없다고 주장할 수 있다.

그러나 중간, 즉 부분적인 책임회피는 불가능하다. '예스'와 '노'만 있을 뿐이다. 어떤 게임을 하려고 할 때는, 늘 같은 규칙으로 일관성 있게 해야 하지 않겠는가?

책임은 임의적이지 않다

내가 경험을 통해 얻는 가장 큰 깨달음은 매순간마다 '개인적 책임'의 중요성을 자각하며 살아야 한다는 것이다. 인간이 스스로 발전하는 데 없어서는 안 될 필수적 요소들, 예컨대 사랑, 성취, 행복, 성장 같은 단어들은 '인생'이라는 게임을 긍정적인 자세로 임하는 사람에게만 주어진다는 사실을 명심해야 한다. 나는 더 많은 사람들이 이 사실을 인식하면, 교통사고나 암, 실직이나 범죄가 줄어들 것이라 확신한다. 이 세상에 피해자란 없다. 각 사람의 경험은 온전히 그 사람의 손에 달려 있다. 책임은 사장에게만 돌아가는 것이 아니라, 모두에게 돌아간다.

당신이 금요일 오전 10시까지 상사의 책상 위에 보고서를 올려놓아야 한다고 가정해보자. 당신은 그 보고서 작업을 다시 두 명의 부하직원에게 나눠주었다(당신은 그들이 당신의 유익을 위해 최선을 다할 것이라 확신한다). 그 중 한 명이 자기 부분을 끝마치지 못했고, 결과적으로 당신은 예정된 시간까지 보고서를 마무리하지 못했다. 이 때 당신은 상사에게 부하직원 때문에 보고서를 제 시간에 제출하지 못했다고 변명할 수 있을까?

대답하기 전에, 스스로에게 한 가지 질문을 해보라. 상사는 내가 비난하는 사람 따위에 신경이나 쓰겠는가? 상사는 누구의 엉덩이를 차겠는가, 당신인가 당신의 부하직원인가? 상사의 책상에 놓이지 않은 것은 '당신의' 보고서다. 당신은 부하 직원에게 보고서 작성을 할당할 권한은 있다. 그러나 그 일이 예정된 시간까지 제대로 완성되도록 할 전적인 책임까지 할당할 수는 없다. 당신에게는 여전히 100퍼센트 책임이 있다. 50퍼센트가 아니다! 어떤 한가한 상사가 그런 터무니없는 변명을 듣고 앉아 있겠는가?

많은 사람들이 자기 불운에 대한 책임을 다른 사람의 어깨에 지우려고 분투하지만, 그것은 헛된 노력이다. 왜냐하면 개인적 책임을 다른 사람이나 사물에 넘겨주는 일은 애초부터 불가능한 일이기 때문이다. 그럼에도 우리는 책임 떠넘기기가 가능하다고 생각한다. 우리는 마치 텍사스 가족이 버짓 렌터카에 그들의 책임을 '위임했던' 것처럼 그런 일이 가능하다는 듯 행동할지도 모른다. 우리가 아무리 개인적 책임을 포기하려 해도, 그 결과로부터는 자유로울 수 없다. 우리는 우리가 겪은 모든 경험의 창조자이기에, 책임의 포기는 애당초 불가능하다. 당신의 경험을 부동산쯤으로 얕보지 마라. 당신은 책임을 팔 수도, 교환할 수도, 하청을 줄 수도, 분배할 수도, 무시해버릴 수도 없다.

우리가 아무리 말과 생각으로 책임을 포기해도, 삶을 더 이상 통제할 수 없을 만큼 지쳤다 해도, 운명을 다른 사람에게 기꺼이 넘겨주겠다는 마음이 솟구친다 해도, 우리는 책임이라는 그림자를 떼어낼 수 없다. 책임은 항상 당신을 따라 다닐 것이다. 이렇게 외치며, "100퍼센트야,

꼭 기억해, 100퍼센트야."

우리는 우리 삶을 스스로 통제할 수 있다는 사실을 잊고 산다. 우리는 우리에게 일어나는 일에 대한 통제력을 다른 사람이 가지고 있다고 믿게 되었다. 이것은 바라지 않던 일이 일어날 때 다른 사람을 헐뜯는 주요한 이유가 되곤 한다. 우리가 다른 사람을 탓하고 책임을 피하려 할 때, 우리는 스스로 인생의 선택권을 축소하고 마는 꼴이 된다.

당신이 자신의 '삶의 경험'에 대해 전적인 책임이 있다는 것을 인식하고 있었다면, 부하 직원이 제 시간에 보고서를 마무리하지 못하도록 내버려두지는 않았을 것이다. 당신은 그에게 보고서를 제 시간에 내는 것이 얼마나 중대한 일인지를 미리 주지시킬 수 있었다. 그런 사태가 일어나지 않도록 보다 적극적으로 임할 수 있었다는 말이다.

우리는 왜 책임을 회피하는가

오늘날 많은 사람들이 그들에게 일어나는 일에 대해 전적인 책임을 인정하지 않으려 하는 이유 중 하나가 책임을 실패와 동일시하고, 그로 인한 비난과 죄책감을 두려워하기 때문이다. 결과에 대한 책임을 받아들이면 비난을 받게 될 거라고 지레 겁먹는다. 하지만 그러면 그럴수록 당신의 경험은 발전의 밑거름이 되지 못할 것이다. 당신은 경험을 통해 성장할 수 있는 능력을 가지고 있다. 당신이 자신이 한 일에 대해 죄책감을 느끼거나, 죄책감을 느끼지 않기 위해 남을 탓하는 것은 그러한 능력을 질식시키는 행위라는 것을 기억해두라.

전적인 책임을 인정하는 삶의 자세는 당신을 성장하게 한다. 좋은 일이든 나쁜 일이든 우리가 우리의 경험을.부인하지 않음으로써, 우리가 배운 것을 미래의 '지금'에 적용하여 그때는 더 좋은 경험이 되도록 할 수 있다는 것이다. 하지만 우리가 책임을 남에게 넘겨버리려고 한다면, 결국 아무것도 배울 수 없다.

우리가 머뭇거리는 또 다른 이유는 '책임'이라는 말에 법적인 의미도 함축되어 있기 때문이다. 즉, 당신이 어떤 것에 책임이 있다면, 당신이 잘못했다는 뜻이다. 그래서 어떤 행동에 대해 '책임이 있는' 사람은 대체로 벌금을 내거나 재판을 받고 감옥에 가게 된다. 우리 중 어느 누구도 죄인이라는 취급을 받고 싶어 하지 않기에, 우리는 종종 변명을 하거나 남을 탓하려고 한다.

반면 우리 행동에 대해 100퍼센트 책임을 인정하는 것은 긍정적인 접근이다. 그렇게 하면 당신은 아무도 실망시키지 않는다. 아무도 탓할 필요가 없다. 아무도 비난 받을 필요가 없다. 아무리 피치 못할 이유로 지각을 하더라도 당신은 거기에 100퍼센트 책임을 져야 한다. 당신은 스스로 늦도록 '선택'했기 때문이다. 누가 통제권을 갖는지를 인정하고 나면, 처음부터 당신이 지각하도록 만드는 습관을 바꾸기가 훨씬 쉬워진다.

개인적 책임을 기피하는 것은 게으름의 한 형태다. 남을 탓하면서 삶의 위기를 모면할 수 있다면, 우리는 창의적 결정을 내리거나 위험을 감수하고 뭔가를 할 필요를 느끼지 못한다. 무책임을 삶의 기준으로 받아들이면, 부하 직원이 교통이나 날씨를 핑계로 회의에 늦어도 당신은 별 생각 없이 수긍한다. 하지만 '나는 지각한 데 대해 변명하지 않을 거야'라고 다짐한다면, 그것은 우리가 앞으로 지각하지 않을 것임을 뜻한다. 최소한, 지각하는 횟수는 현격히 줄어들 것이다. 믿어도 좋다.

자기 경험에 대한 100퍼센트 책임을 받아들이는 것은 그리 어렵고 버거우며 죄책감에 시달리게 하는 철학이 아니다. 스스로에 대한 총체적 책임을 받아들이면 더 나은 인생을 만들 수 있고, 당신이 생각지도 못한 선택권을 가지고 있음을 발견하게 될 것이다. 당신은 자기 행동의 주체이자 통제자며, 행동의 선택자가 될 수 있다. 나는 이보다 더 당신의 삶을 즐겁고 자유롭게 만들 방법을 찾아내지 못했다. 혹시 찾아낸 사람이 있다면, 나는 당장 펜을 내려놓을 것이다.

대체 왜 그 모양이니, 찰리 브라운?

Chapter 3

실패에는 4천만 가지 이유가 있겠지만, 변명은 대지 마라.
– 러드야드 키플링 *Rudyard Kipling*

어릴 적 나는 '찰리 브라운' 이라는 연재만화가 출간되는 가을을 손꼽아 기다리곤 했다. 해마다 루시는 찰리 브라운에게 자기가 공을 잘 들고 있을 테니 달려와서 차라고 말한다. 찰리 브라운은 작년에도 재작년에도 루시가 항상 마지막 순간에 공을 홱 빼돌려 엉덩방아를 찧고 말았던 생각이 나서 머뭇거린다. 그럴 때마다 루시는 짐짓 정색을 하며 왜 올해는 다를지 그럴듯하게 설명한다. 찰리 브라운은 매번 그 꾀임에 넘어가, 운동장을 힘차게 달려왔다가 또 루시가 마지막 순간에 공을 홱 빼돌리면 보기 좋게 나뒹굴곤 했다.

많은 사람들이 만화를 보고 찰리 브라운에게는 동정심을 느끼고 루시에게는 화가 날 것이다. 루시가 착한 아이가 아님은 분명하다. 그러나 이렇게 생각하면서도 사람들은 속으로, '찰리 브라운, 바보 같으니라고! 너는 도대체 왜 번번이 속아 넘어가니?' 라고 생각하지 않을까?

이렇게 루시는 끊임없이 찰리 브라운을 속여 왔다. 왜 찰리는 매년 그렇게 당하면서도 루시가 마지막 순간에 공을 빼돌리지 않을 것이라고 믿는 것일까? 엉덩방아를 찧을 때, 찰리는 항상 자신이 그렇게 된 데 대해 자신이 아닌 루시를 탓할까? 찰리가 스스로 루시에게 그런 일을 당하도록 허락하고 있는 것이다. 찰리가 처음부터 그 공을 차겠다는 데 동의하지 않는다면, 루시는 마지막 순간에 찰리로부터 공을 빼돌릴 수 없을 것이다.

※ 저작권은 1986년 유나이티드 피처스(주)에 있음

우리는 모두 찰리 브라운

나는 우리 모두가 찰리 브라운을 닮았다고 생각한다. 우리는 스스로 그렇게 되도록 허락하고 있다. 우리는 스스로를 피해자로 설정한다. 아니라고 항변하고 싶은가? 인정하고 싶지 않겠지만 우리는 생각보다 더 자주 찰리 브라운처럼 행동한다.

가끔이라도 당신이 다른 사람이나 외부의 힘에 지배되고 있다는 데 동의하는가? 그렇다면 당신은 당신이 통제할 수 없는 일들이 당신에게 일어나거나 영향을 미친다고 믿는 것이다. 파란 불일 때 교차로를 지나다가 다른 차와 충돌한 적이 있는가? 아니면 블랙 10월에 주식을 산 적은 없는가? 휴가를 떠나기로 한 전날 아들이 수두에 걸려서 못 갔던 적이 있는가?

그런 일들이 일어난 것은 외부 힘의 잘못인가? 다른 운전자, 바보 같은 주식중개인, 바이러스, 그러니까 당신 힘으로는 어쩔 수 없는 불운 때문이었는가? 우리는 바이오리듬이 위험 선에 있거나 보름달이 떴다는 이유로 스스로 책임을 지지 않는다. 우리는 갑상선염에 걸렸거나 막내라는 이유로, 또는 부모님에게 사랑을 못 받았다는 이유로 책임을 지지 않는다. 우리가 오늘날 의미 있는 관계를 발전시키는 데 어려움을 겪는 이유는 우리가 어린 시절에 학대를 받았거나, 아버지가 알코올중독자였거나, 자기가 처녀자리에 태어났기 때문이라고 한다.

이혼을 한 남자는 아내가 이혼의 원인이었다고 말한다. 아내가 말을 듣지 않았고 자기중심적이었으며 이해심이 없었다, 세대 차이가 났다, 하루 종일 놀아달라고 했다는 등의 핑계를 대며…. 어떤 사람은 자기 사업을 시작하고 싶지만 그럴 수 없다고 한다. 왜? 물론 아이들 때문이다. 아이들을 키우려면 직장을 당장 그만둘 수가 없기 때문에, 자기가 원하는 것을 하려면 퇴직할 때까지 기다려야만 한다고 푸념한다. 이런 사람들은 그들이 무슨 일을 하든지 그것은 자기 능력 밖의 일이라거나, 자기가 바꿀 수 있는 것은 아무것도 없다고 생각한다. 나는 이런 태도를 '결과' 로써 행동하는 것이라 정의한다.

찰리 브라운은 그런 희생자의 전형적인 인물이다. 그는 인생이라 불리는 게임을 '원인' 이 아니라 '결과' 로써 한다. 그는 자기가 자기를 책임지는 대신에, 혹은 자기 스스로의 행동에 대해 책임지는 대신에 외부 세계 즉, 외부 사건이나 다른 사람들이 자신에게 그렇게 하도록 허락한다. 아마도 어렸을 때 당신은 항상 자기 행동의 결과 때문에 고생한다는 것을 배웠을 것이다. 당신은 그것을 진정으로 믿고 있을 것이다. 당신은 그것이 사실이라는 것을 안다. 그러나 당신은 그런 생각을 '100퍼센트' 염두에 두고 행동하는가? 가끔은 찰리 브라운처럼 행동하지 않는가?

날씨 탓이야

날씨가 우리 삶에 미치는 영향은 실로 막대하다. 날씨는 그날 당신이 무엇을 입을까 뿐만 아니라 어떻게 느끼고 행동할지도 말해준다.

"날씨 참 좋네….", "이런 날씨가 또 있을까요?", "날씨 한 번 참 구질구질하구만….”, “비 오는 날은 나 건들지 마!”

이쯤 되면 기상 캐스터가 ‘날씨’라는 종교의 목사라는 말도 무리는
아니다. 심지어는 날씨와 관련된 질병도 있다. 모두들 한 번쯤은 ‘춘
곤증’에 걸리거나, 눈 때문에 발이 묶여 ‘밀실 공포증’을 경험해봤을
것이다. 위인이라 불리는 사람도 유독 날씨에 대해서만큼은 일반인과
별반 다를 게 없었다. 볼테르는 자신이 ‘동풍에 민감하다’고 했으며,
괴테는 스스로를 ‘살아있는 기압계’라고 말했고, 링컨은 날씨가 추울
때는 종종 우울증에 빠지곤 했다. 비가 오는 날은 자살률이 증가하고,
남부 캘리포니아의 살인자들은 빌어먹을 거센 산타아나의 바람 때문
에 극악무도한 짓을 저질렀다고 한다.

1982년 크리스마스 날, 덴버 시민들은 사상 최악의 눈 폭풍을 만났
다. 그날은 눈이 하루 동안 동안 60센티미터나 내렸다. 나는 현명하게
도 크리스마스이브에 가족과 함께 타호 호수로 여행을 떠났다. 그러
나 어리석게도 4일 만에 덴버로 되돌아왔다. 우리 가족과 나는 사람과
짐으로 꽉 찬 공항 터미널에서 오도 가도 못했다. 교통수단이라는 것
은 거의 없었다. 30여 명이 택시 승강장에서 조급한 마음으로 줄을 서
있었고, 그 중 두 명은 서로 택시를 타겠다고 주먹다짐을 했다. 날씨
가 우리 태도와 행동에 영향을 미치는 것일까?

방정식의 원리

월요일이다. 우리는 모두 월요일이 어떤지 알고 있다. 심지어 월요

일에 색깔까지 입힌다. 보통 월요일은 파란색이나 회색이다. 월요일에는 침실 창밖을 내다보며 짙푸른 우울함을 느끼기도 한다. 하늘은 사무실 서류함처럼 잿빛이다. 하늘은 온통 거대한 파일 캐비닛이 뒤덮은 것 같고, 그것은 자연스레 일주일 동안 당신이 해야 할 일들을 상기시켜 준다. 하늘의 파일 캐비닛은 '비' 라는 라벨이 붙은 파일을 꺼내 당신에게 던진다.

비는 아침부터 크고 작은 사고를 일으키고 차도 막히게 한다. 그래서 당신은 30분 지각을 한다. 직장에 도착하면 내일까지 끝낼 보고서가 있지만, 당신은 비 때문에 기분이 울적해 보고서를 제 시간에 끝내지 못할 것이다. 그러고 있는데 한 직원이 들어와서 컴퓨터가 고장 났다고 말한다. 당신은 그 직원을 씹어댄다. "제길!"

다음은 월요일의 방정식이다.

A = 월요일

B = 비

C = 교통체증

D = 성과 보고서 작성

E = 컴퓨터 고장

A + B + C + D + E = 재수 없는 날

이제 금요일이다. 금요일에는 대체로 어떤 방정식을 쓰는가?

A = 금요일

B = 화창

C = 월급날

D = 3일간의 연휴

A + B + C + D = 운수 좋은 날

방정식의 변수는 주름살이 늘어갈수록 많아진다. 우리 할머니의 방정식은 A부터 Q까지 나간다. 할머니에게 만족할 만한 것은 존재하지 않는다. 누구나 우리 할머니와 같은 사람을 알고 있을 것이다. 태양이 눈부시게 화창한 날, 할머니는 말씀하신다. "지긋지긋한 잡초를 뽑아야겠군." 할머니께 허리는 좀 어떠신지 여쭤보면 이렇게 대답하신다. "괜찮다, 근데 이제는 발이 아프다." 날씨는 늘 너무 덥거나 너무 춥거나, 아니면 비가 너무 적게 와서 풀이 죽거나, 비가 너무 많이 와서 풀을 다시 심어야만 한다.

당신은 그런 종류의 사람들을 알고 있을 것이다. 그들은 온종일 얼굴을 찌푸리고 돌아다닌다. 그런 사람들에게는 항상 짙은 먹구름이 걸려 있다. 신은 내게 왜 이러실까? 그들의 분위기나 행동은 항상 음울하고 어두우며, 사람들은 그들과 어울리기를 싫어한다. 그들은 인생을 전적으로 결과로 산다. 그들의 인생관은 간단하다. '삶은 빌어먹을 것이며, 언젠가는 죽게 된다는 것.'

어떤 사람은 직장에서 이런 인생관을 가지고 있는 사람들을 수없이 만난다. 그들은 그들이 속한 상황에 대해, 그들이 맡은 임무를 못한 데 대해, 그들의 비효율에 대해, 창의력 부족에 대해 그들 외부의 모든 것과 모든 사람에게 책임을 돌린다. 나는 몇 군데 대기업에서 일하면서, 이런 사람들의 변명을 매일같이 들었다. 나 또한 그런 변명들을

하곤 했다. 나는 당신도 내가 들었던 비슷한 종류의 말들을 귀에 못이
박이게 들었을 거라고 장담한다.

사장님께 건의하고도 싶지만 소용없을 거예요.
방해를 많이 받지 않았다면 일을 끝낼 수 있었을 겁니다.
그건 제 관할이 아닙니다.
당신은 이 이상으로 일할 사람을 찾지 못할 겁니다.
복사기가 고장 났어요.
회의가 생각보다 길어졌어요.
우리 직원들을 좀 더 책임감이 투철하다면 좋을 텐데.
뼈 빠지게 일하지만 아무도 알아주지 않아요.

이런 부류의 사람들은 그들에게 일어나는 긍정적인 일에는 다른
사람에게 점수를 주는 법이 없다. 예를 들어, 그들은 제 시간에 출근
할 때는 아무렇지도 않게 자기에게 공을 돌린다. 그들은 알람을 맞춰
놓고 제 시간에 일어나서 샤워하고 옷을 입고 아침 식사를 하고, 차
를 몰고 가서 주차하고, 정해진 시간까지 사무실로 간다. 평소 그들
은 문제없이 그렇게 한다. 그렇다고 그들이 이렇게 말하는 것을 들은
적이 있는가? "제가 오늘 제 시간에 출근할 수 있도록 해준 모든 것
에 정말 감사합니다. 알람이 제대로 작동하지 않았다면, 아내가 아침
식사를 제 시간에 차려 주지 않았다면, 맘씨 좋은 운전자들이 사고를
면하게 해주지 않았다면, 저는 오늘 여기 제 시간에 올 수 없었을 겁
니다."

그러나 누군가 지각을 했을 때는 무슨 말을 하는가? "망할 놈의 알람이 한밤중에 멈췄지 뭐예요. 교통은 또 어떻고요! 맙소사, 오늘 아침에 사고가 12건이나 났대요. 15중 추돌도 있었다지요. 그러니 꼼짝도 못할 수밖에요."

사람들이 즐겨 대는 또 다른 변명거리는 전화다. 당신 주위에 그런 사람을 한번 떠올려보라. 보고서를 마치지 못하거나 책임지고 있던 일을 마치지 못한 자신의 무능력을 전화 탓으로 돌리는 사람들. 당신은 어떤가? 그런 사람들은 이렇게 말한다.

※ 저작권은 1986년 유니버설 프레스 신다케이트에 있음

"내 전화는 하루에도 수백 번 울려…. 5분마다 전화가 울려대는데 어떤 사람이 일을 제대로 할 수가 있겠어? 이만큼 한 것도 기적이야."

이 사람들이 깨닫지 못하는 것은, 문제는 전화가 아니라 문제가 생기도록 만드는 그들 자신이라는 거다. 계속 그렇게 전화에 책임을 돌려보라. 그래도 전화는 아랑곳하지 않을 것이다. 전화는 그저 전선과 컴퓨터 칩, 저항기가 단순히 조합된 물건일 뿐이다. 하루 종일 울려대면서도 사람이 전화를 받든 말든 신경도 안 쓴다. 당신이 무시하거나 안내 데스크로 전화를 돌려도, 자동응답기에 걸어 놓아도, 또는 특정 시간 외에는 전화를 연결하지 말라고 해도, 당신은 전화의 기분을 상하게 할 수 없다. 내 말을 믿으라. 전화는 전혀 개의치 않을 것이다. 전화는 당신의 책상에서 뛰어내려 수화기를 당신 귀에 들이대거나, 전선으로 당신의 목을 조르려고 하지도 않는다. 전화는 당신에게 죄책감을 주기 위해 징징대며 우는 게 아니다. 전화가 아니라 당신이 통제권을 가지고 있다는 것을 알고 나면, 전화의 관리는 아주 간단한 문제가 된다.

우리가 우리 삶에서 일어나는 모든 경험에 대해 100퍼센트 책임질 때, 우리는 외부 사건이나 다른 사람들이 우리를 통제하는 것이 불가능하다는 것을 깨달을 것이다. 문제는 시간이나 스트레스, 건강악화가 아니다. 문제는 자기관리다!

변명은 이제 그만!

　자기경영과 관련된 내 철칙 중 하나는 무슨 일이 있어도 약속 시간을 정확히 지키는 것이다. 거기에는 어떤 변명도 용납되지 않는다. 몇 년 전 나는 밀워키에 있는 한 호텔에서 세미나를 하기로 한 적이 있다. 그 때 난 미드웨스트의 혹독한 겨울 날씨가 몹시 염려되었다. 그래서 나는 전세기와 렌터카를 예약하고, 덴버에서 오클랜드를 거쳐 미네아폴리스로 가는 열차까지 예매하는 등 세심한 주의를 기울였다. 다행히 나는 밀워키까지 곧바로 비행기를 타고 갈 수 있었다. 그러니 내가 그곳에 갈 수 '없는' 방법은 '없었다.' 당신은 세미나와 강의, 음악회에 가서 연사나 연주자가 늦었다거나, 심지어 아예 오지 않았다는 말을 들어본 적이 있는가?

　결과가 아닌 원인으로써 행동하는 법을 배우는 것은 물론 어렵다. 어느 해 가을 덴버에서 세미나를 하던 두번째 날, 나는 엄청난 폭설을 만났다. 매우 이례적인 일이었다. 콜로라도에 살았던 사람이 아니라 해도, 누구나 그 폭설은 기억할 것이다. 덴버에서 열린 미식축구 경기가 전국에 생중계되고 있을 무렵, 엄청난 눈이 내리기 시작했다. 아침이 되자 차들이 눈에 파묻힐 정도가 되었고, 경찰은 통행 제한을 했다. 세미나 참석자 중 몇 명은 지각했고 6명은 아예 오지도 않았다.

　모두 똑같은 눈을 만났음에도 불구하고 왜 어떤 사람은 오고 어떤 사람은 오지 않았을까? 왜 어떤 사람들은 자기 임무를 수행했고 다른 사람은 그러지 못했을까? 오지 않았던 사람들은 당연히 눈 핑계를 댔다. 그들은 눈이 그들에게 그렇게 한 것이 아니라는 것을 인식하지 못하거나, 그 사실을 받아들이지 못했다. 눈은 눈일 뿐이다.

세미나에 참석한 사람들은 콜로라도에 살거나, 세미나에 참석하기 위해 콜로라도에 온 사람들이었다. 누구나 콜로라도에는 겨울에 눈이 많이 오고, 때로는 이른 가을에도 온다는 것을 안다. 따라서 눈에 대비하지 못했다는 것은 변명이 될 수 없다. 오지 못한 사람들도 세미나를 위해서 좀더 일찍 출발한다든가, 사륜구동차를 빌려서 온다든가 여하튼, 수단과 방법을 가리지 않고 세미나에 제 시간에 올 수 있는 방법은 얼마든지 있었다.

나는 세미나에 잘 도착했을까? 내가 어찌 감히 그러지 않을 수 있겠는가? 제 시간에 일터로 가는 것은 내 직업적 사명이다. 내가 시간을 지키지 못한다면 제 시간에 온 참석자들에게 어떻게 얼굴을 들겠는가? 나는 임무를 완수했다. 당신 스스로 100퍼센트 의무를 이행하지 못하면서, 당신이 말하거나 바라는 것을 사람들이 믿고 거기에 따라 행동해주기를 기대할 수 있을까? 나는 세미나 일정 12시간 전부터 눈이 온다는 것을 알았다. 축구 경기가 끝난 지 얼마 지나지 않은 그날 새벽 1시에, 나는 세미나가 열리는 건물에 있던 내 사무실로 미리 가서 소파에서 잠을 잤다. 세미나 참석자들 중 누구라도 그 시간에 날 찾아 왔다면 기꺼이 소파 한 귀퉁이를 양보했을 것이다.

당신도 그런 이유로 종종 늦기 때문에, 눈이 오거나 비가 올 때마다 직원이나 친구들이 늦는 것을 용인한다면 더 이상 할 말은 없다. 하지만 당신은 응분의 대가를 받을 것이다. 오래된 습관과 사고방식은 쉽게 고치기 어렵다. 하지만 날씨가 어떤 초능력을 발휘해 당신을 지각하도록 만든 것이 아님을 기억하자. '늦기로 한 것'은 그들의 선택이다. 그들이 책임을 인정한다면, 그들은 다음부터라도 눈이 올 때 더욱 적극적으로 행동하게 될 것이다.

사실 세미나 참석자 대부분은 '그날 새벽' 내리는 눈이 다음 날 온 세상을 하얗게 덮으리라는 것을 알고 있었다. 그들은 축구 경기 동안 눈이 심하게 내리는 것을 보았을 것이다. 그러나 그들은 그냥 잠자리에 들었고, 평상시와 같이 일어나서 창밖을 내다보고 소리쳤다. "와, 눈 좀 봐!"

당신에게 일어난 일의 책임을 다른 사람이나 외부에 돌리는 일을 당장 중단하라! 당신이 자기 경험의 창조자며 당신에게 일어나는 일을 당신이 선택한다는 것, 그리고 결과가 아닌 원인에 의해 행동할 수 있다는 것을 인정하면, 나쁜 날씨 같은 사소한 것이 당신의 임무를 수행하지 못하게 가로막도록 허락하지 않을 것이다.

나는 '변명은 절대로 용납되지 않는다!' 라는 표어를 내 사무실에 붙여두었다. 모두가 그 원칙을 지키며 사는 세상을 그릴 수 있는가? 그 속에서 당신의 자녀와 상사, 국회의원과 상점 점원, 변호사와 노동조합장들, 이 모든 사람들이 교활한 잔꾀를 부리지 않고 자기 행동에 대해 책임을 지는 것을 말이다. 모두가 결과가 아닌 원인으로써 행동할 때 직장 생활이나 결혼 생활, 자녀와의 관계가 얼마나 좋아질지 상상이 가는가?

"저는 이곳에 제 시간에 도착하지 않은 데 대한 제 책임을 인정합니다. 다시는 그런 일이 없도록 하겠습니다." 이런 말을 하고도 또 그럴 수도 있다. 실수와 문제는 세상에서 최고로 많이 일어나는 일인지도 모른다. 습관은 바꾸기 힘들다(당신이 인정했다는 것을 변명으로 사용할 수 없다는 점을 명심하라). 그러나 실수가 이전보다 더 적게 일어나게는 할 수 있다.

Chapter 4

상황이 안 좋아서…

알면서 행하지 않는 것은 전혀 모르는 것과 마찬가지다.
- 중국 속담

사람들은 종종 "오늘 날씨 때문에….", "하루 종일 전화만 받았어.", "아침에 알람시계가 울리지 않았어.", "차가 어찌나 막히던지…."라고 푸념하며 자신의 무책임함을 변명하려 든다. 하지만 날씨도 전화도 알람시계도 교통체증도 우리가 책임을 다하지 못한 것과는 아무런 상관이 없다. 그것들이 우리에게 영향을 미치도록 하는 것은 바로 우리 자신이기 때문이다. 그렇다면 '다른 사람들'은 어떤가? 다른 사람들이 우리의 감정과 행동을 '유발'하는가? 다른 사람들이 우리를 화나게 하거나 슬프게, 혹은 행복하게 만드는가?

어느 날 나는 할인매장 계산대에서 지갑을 꺼내는 순간, 내가 가지고 있는 직불카드에 잔고가 하나도 없다는 것을 발견 했다. 아내와 함께 쓰는 직불카드였는데, 아내가 마지막에 쓰고는 돈을 채워놓는 것을 깜빡한 것이다. 계산원의 억지 미소와 초조하게 차례를 기다리는 뒷사람들, 정말 식은땀이 주르륵 흐르는 순간이었다. 이러한 상황을 만든 것은 누구의 책임인가? 이 모든 것이 직불카드에 돈을 채워 넣지 않은 아내의 잘못인가?

아내는 직불카드에 돈을 넣지 않은 데 대해 100퍼센트 책임이 있고, 나의 핀잔을 들을 100퍼센트의 책임이 있다. 그러나 나 또한 할인매장에서 일어난 일에 대해서 100퍼센트 책임이 있다. 나는 꼭 그 상점에 갔어야 했는가? 집을 나서기 전에 카드를 미리 확인할 수는 없었는가? 나는 누구에게도 원망할 수 없다. 결과는 거짓말을 하지 않기 때문이다. "왜 그랬니, 테드 윌리?"

감정 조절하기

우리가 삶에서 일어나는 모든 경험에 100퍼센트 책임질 마음가짐을 갖고 있다면, 삶을 주도적이고 충만하게 살 의지가 있다면 외부 사건이나 다른 사람들은 절대 당신을 통제하지 못할 것이다. 당신은 저녁식사를 하려 한다. 직장일, 회식, 외국어 수업, 연극 동아리 모임, 도서관 방문…. 이 모든 것이 오늘 하루 당신이 한 일이다. 지금 피로가 물밀듯 밀려온다. 저녁식사 시간은 당신이 지친 일상에서 해방돼 안정과 행복을 누릴 수 있는 거의 유일한 시간이다. 물론 그렇지 않을 수도 있다! 불행은 으레 가까운 곳에서 시작되는 법이다. 당신의 큰딸이 맞은편에 앉은 동생에게 으깬 감자로 꽉 찬 입속을 보여주며 장난치고 있다. 동생이 그걸 보고 웃어대다 입에서 음식을 튀기고, 서로 낄낄대며 웃어댄다. 큰딸은 너무 심하게 웃다가 우유 잔을 쳐서 엎지르고, 그것은 작은 홍수를 이뤄 식탁을 뒤덮고, 마침내 모서리를 지나 당신 무릎 위에서 나이아가라 폭포수처럼 쏟아진다. 장엄하게….

고요한 안정과 행복을 원하던 소박한 당신은 이 소란을 도저히 그냥 지나칠 수 없다. 당신은 의자에서 벌떡 일어나, 두 주먹을 식탁에 '쾅' 내리치고(그러는 와중에 접시가 깨지고) 딸에게 고함을 지른다.

"조용하지 못해! 다 큰 애가 무슨 짓이야! 식사 예절을 입이 닳도록 가르치면 뭐하니? 저녁식사 한 번 편하게 해 본 적이 언제니? 왜 이렇게 짜증나게 하니? 당장 방에 올라가, 반성문 써! 내일 아침까지 입도 뻥긋하지 마!!!"

어디서 많이 본 풍경인가? '피식' 하며 쓴웃음을 짓게 하는가? 이 상황에서 당신은 자녀들에게 그 상황뿐만이 아니라, 당신의 감정과 행동에 대한 책임까지 지웠다는 사실에 주목하라. 딸이 당신에게 화가 나도록 만들었다. 딸이 당신으로 하여금 접시를 깨뜨리게 '유발했다.' 딸이 식사를 하고 있던 모든 사람들을 혼란스럽게 한 것이다. 딸은 이 모든 결과에 대해 책임이 있다.

하지만 조금만 냉정해보자. 정말 그런가? 당신을 짜증나게 한 것은 정말 당신의 딸인가? 당신은 그 상황에서 전혀 선택권이 없었는가? 당신에게는 그 난국을 헤쳐 나갈만한 힘이 없었는가? 아이가 무슨 초능력이라도 동원해 당신의 주먹이 접시를 '쾅' 내려치도록 만들었는가?
아니면 스스로 화를 내기로 선택했는가?

분노의 근원

이 마지막 질문을 받은 사람들의 반응은 아주 다양하다. 내가 만난 많은 사람들은 분노가 환경에 의해 좌우되는 것이라, 통제력을 전혀 발휘할 수 없다고 말한다. 내가 상담했던 한 여성의 예를 들어보자. 그 여성은 가끔 분노를 표출할 때 해방감마저 느낀다고 말한 적도 있다. 그녀가 마지막으로 분노를 폭발시켰던 때는 자신이 일하던 술집에서 손님이 무례하게 굴 때였다. 그녀는 화가 나서 손님을 밖으로 내동댕이쳤다고 한다.

일부 사회학자들은 삶과 죽음이 교차하는 냉엄한 세계에서 살아남기 위해서 '분노'는 없어서는 안 될 요소라고 주장한다(또한 우리는 우리의 자녀가 저녁식사 테이블에서 우유를 엎지르는 일이 삶과 죽음이 교차되는 순간이라는 것 또한 알고 있다!).

우리가 분노를 통제할 수 있다고 믿는 사람들도 있긴 있다. 그들도 더 중요한 것은 우리가 그 분노를 어떻게 다루는가 하는 것이라고 말한다. 이것은 심리 치료사들이 인기리에 개발한 견해다. 그들은 '분노'라는 감정은 외부 요인이 불을 붙이면 손쓸 틈도 없이 활활 타버린다고 이야기한다. 분노는 컴퓨터에 내장된 프로그램과 같아서 누군가 마우스로 '클릭'해주기만을 기다리고 있다. 그들은 또 분노를 억누르는 것은 쓸데없는 짓이라고 한다. 억눌린 분노는 어떻게 해서든 탈출구를 찾게 마련이기 때문이다. 점화의 순간이 아니라 해도, 분노는 이후에 다른 장소와 시간에 다른 형태로 표출될 것이 불 보듯 뻔하기 때문이다. 직장에서 상사에게 깨지고 나서 배우자나 자녀들, 또는 다른 동료에게 화풀이하는 것도 그 때문이다.

심리 치료사들은 분노 자체에 문제가 있는 것이 아니라, 우리가 분노를 충분히, 솔직하게, 비폭력적이고, 사회적으로 용인되는 방식으로 분출하지 못하는 것이 문제라고 지적한다. 사무실에서 누군가의 얼굴에 주먹을 한 방 먹이거나, 차 창문을 열고 옆차에게 욕설을 하거나 식사 테이블에서 버럭 화를 내는 것은 적절한 행동이 아니다. 이럴 때 우리는 이런 충고를 하곤 한다. 천천히 열까지 세라, 샌드백을 두드려라, 산책을 하라, 잠시 동안 벽을 보고 소리를 지르라(단, 심야에는 금물). 하나도 틀린 말은 아니다. 게다가 분노에 대한 이런 전문가들의 시각은 분노를 설명하는 배경으로 꽤 유용할 것이다.

하지만 정말 우리에게는 애초부터 분노의 감정을 '경험할지 말지'에 대해 선택할 수 있는 능력이 정녕 없단 말인가? 다시 한 번 '선택'이라는 말로 내가 무엇을 의미하고자 하는지 확실히 해두자. 선택은 흔히 정의되는 것처럼 반드시 바라는 것이나 원하는 것, 열망하는 것이 아니다. 내가 말하는 선택은 어떤 결과를 이끄는 개인적 행동에 대한 소유권을 결정하거나 창조하는 행동을 뜻한다. 가끔 우리는 우리가 원치 않는 선택이나 결정을 하지만, 그럼에도 불구하고 우리는 책임을 져야 한다. 그 결정은 무의식적인 반응의 형태로 이루어지기도 하고,

또렷한 의식 속에서 이루어지기도 한다. 우리는 지구상에서 보내는 모든 '지금'에 선택권이 있으며 선택권을 행사하고 있다. 우리가 의식하고 있든 아니든 차이는 없다. 우리에게는 여전히 책임이 있다.

우리는 우리가 어떻게 반응할지, 또는 아예 반응하지 않을 것인지도 선택한다. 그 선택은 의식적일 수도 무의식적일 수도 있지만, 어쨌거나 그것은 선택이다. 어떤 감정을 느끼기로 선택하고 선택하지 않고의 문제는 철학처럼 난해하거나 형이상학적이지 않다. 우리가 가진 개인적 책임을 인식하고, 자신을 제대로 경영하기 위해서는 우리 감정에 대한 주권을 자각하는 것이 필수적이다.

당신이 딸에게 "왜 이렇게 짜증나게 하니!"라고 소리를 지를 때, 당신은 의식적인 당신의 감정을 포기하고 있는 것이다. 우리가 "너는 나를 실망시켰어.", "너는 나를 낙담하게 해.", "너는 나를 참 당황스럽게 하는구나.", "너는 나를 즐겁게 해.", "너는 나를 가슴 설레게 해.", "너는 나를 행복하게 해."라고 말할 때, 우리는 우리 감정과 태도, 또 뒤에 할 행동의 책임까지 다른 사람에게 전가시키려 하는 것이다. 우리는 그들이 우리 행동을 통제하도록 허락하고 있는 것이다. 바로 결과로써 행동하는 것이다.

"넌 아주 철딱서니가 없구나."라고 내가 당신에게 말했다고 하자. 내가 당신의 기분을 상하게 한 것인가? 아니면 당신이 기분 상하기를 선택한 것인가? 당신이 "내 기분을 상하게 했어요, 테드."라고 말한다면, 그것은 내가 당신 속으로 들어가 당신이 어떻게 생각하고 느낄지를 설명해준 꼴이다. 당신은 언제 가장 황당했는가? 누구나 등에 식은 땀이 흐를 정도로 황당한 경험을 해봤을 것이다. 축구공을 차다 바짓가랑이가 찢어지거나, 도로에 잠시 주차해둔 차가 없어지거나, 아침에 일어난 곳이 자기 집이 아니거나, 사회를 보다 강연자의 이름을 까먹는 등의 경험 말이다.

화창한 어느 여름 오후, 난 마이애미에서 열리는 세미나에 참석하기 위해 탑승 수속을 받던 중이었다. 좌석을 지정받고, 수하물 검사를 마친 나는 비행기를 타기 위해 B-19 게이트 쪽으로 걸어가고 있었다. 그 때였다. 나는 신이 만든 창조물 가운데 가장 황홀하고 아름다운 여자를 발견했다. 170센티미터는 족히 넘어 보이는 훤칠한 키, 눈부신 금발 머리, 타이트한 흰색 바지와 뒤가 트인 하이힐. 하늘에서 방금 내려온 천사 같은 그녀가 맞은편에서 걸어오고 있었다. 난 그녀가 내 곁을 스치는 순간 "아름다운 날이죠?"라고 말하리라 결심했다.

나는 숨을 들이마셔 배를 한껏 집어넣은 다음 그녀가 바로 옆에 왔을 때 가볍게 손을 올리며 "안녕하세요, 날씨 참 좋죠?"라고 말했다. 그런데 그녀는 지나면서 "지퍼 열렸어요, 아저씨."라는 게 아닌가! 나 원 참!

모든 사람들이 박장대소하는 상황에서 내가 선택할 다른 방편은 없었다. 나는 그 순간 얼굴이 붉어지는 것을 넘어 붉은색의 화신이 되기로 선택했다. 지극히 보편적이고 정상적인 반응이 아닌가? 딱히 별수가 있었겠는가? 하지만 아니다. 별수가 있었다. 나는 침착성을 유지하고 "관심 가져주셔서 감사합니다.", "확인해주셔서 감사합니다."라고 말할 수도 있었다. 당황해 하는 것 말고도 수많은 선택권이 있었다.

다른 사람이 당신을 당황하게 하거나 돌아버리게 하거나 슬프게 혹은 행복하게 한다고 믿고 있다면, 당신은 인간이 자동차처럼 아무나 타서 열쇠를 가지고 시동을 걸고, 그들이 바라는 곳으로 갈 수 있다고 믿는 것이다. 얼마나 어리석은 삶의 태도인가? 그러나 대부분의 사람들은 "그 녀석이 나를 짜증나게 해." 하고 말하면서 그런 생각은 전혀 하지 못한다. 그리고 여전히 남이 자기를 짜증나게 한다고 믿는다.

환경 탓하기

내가 사람들에게 우리는 모두 원인이 아닌 결과로써 삶이라는 게임을 하는 찰리 브라운과 같은 존재라고 말하면, 그들의 반응은 전형적으로 이렇다. "글쎄요, 테드. 당신 말이 맞을지도 모르지만, 우리는 이런 방식밖에 배우지 않았어요. 나쁜 일이 생기면 남을 탓하고, 좋은 일에만 자기를 내세우라고요. 수십 년간 몸에 밴 습관이라 어쩔 수 없어요."

선택과 행동에 대한 논의는 범죄심리학 분야에서 가장 활발하게 이루어진다. 왜 사람은 범죄를 저지르는가? 그 질문에 대한 답은 범죄 예방과 범죄자 처벌에 큰 영향을 미칠 수 있다. 게다가 범죄 원인에 대한 문제는 인간관계의 다른 영역에까지 확장될 수 있다. 생리·유전이고 심리학적인 외부의 힘들이 범인의 행동을 '결정'한다면, 일반인의 감정과 행동을 이론적으로 설명하는 데도 매우 용이할 것이다.

과거에는 사람들이 강도, 횡령, 살인과 같은 범죄를 왜 저지르는지에 대한 이유를 '환경적 결정론'이나 '생리·유전적 결정론'에서 찾으려 했다. 우선 1960년대와 70년대에는 환경적 결정론이 우세했다. 그때는 범죄율이 매우 높았다. 가난과 실직, 베이비 붐, 폭력적인 TV 프로그램, 아동학대와 알코올 중독, 과잉보호, 인종 차별주의, 마약 중독 등으로 사회는 몹시 불안정했다. 이런 부정적 요인의 영향을 많이 받은 사람일수록 범죄자가 될 확률이 높다고 여겨졌다. 좀 심하게 말하면, 실험실의 쥐처럼 환경과 유전적인 영향에 의해 어쩔 수 없이 범죄자가 된다는 말이었다. "그건 그 사람 잘못이 아니야, 사회가 이 모양인데 어쩌겠어?"

최근에는 범죄의 이유를 생리·유전적 배경에서 찾으려는 시도가 대세를 이룬다. 가령, 머리를 다쳤거나, 지능 지수가 낮아서, 남성 호르몬 수치가 평균보다 높아서, 세로토닌이라는 공격성 억제 물질이 부족해서, 월경 전 증후군 때문에, 부모님이 범죄자였기 때문에 범죄를 저지른다고 본다.

때론 이 두 요인들이 결합되기도 한다. 조 맥기니스*Joe McGinniss*는 저서 《치명적 환상*Fatal Vision*》에서, 1979년에 미국의 게릴라 특전부대원이었던 제프리 맥도널드*Jeffrey MacDonald*가 아내와 두 딸을 무자비하게 살해한 이유가 그가 심리적으로 아내에게 위협을 느꼈기 때문에, 그리고 살해를 한 날 밤 그가 암페타민이 함유된 다이어트 약을 과다 복용했기 때문이라고 추정했다.

다 좋다. 이러한 요인들이 어떤 사람이 범죄를 저지르는 데 아무런 역할도 하지 않는다고 주장하지는 않겠다. 하지만 시종일관 날 불편하게 만드는 이유는, 궁극적으로 범죄를 저지르겠다는 최종 결정은 자유선택, 흔히들 이야기하는 '자유의지'의 영역인데, 아무도 여기에 대해서는 언급하지 않는다는 것이다. 사람이라는 존재가 원자핵 융합 반응 이론처럼 구체적이고도 깔끔하게 설명될 수 있다고 가정하는 것은 우리를 동물적 존재로 보는 것이다. 인간이 단지 화학 물질과 세포, 혈관의 조합일 뿐이라면, 인간이 가지고 있는 '자기 인식'과 '추상적 사고' 능력은 어떻게 설명할 수 있겠는가?

인간은 자신의 존재에 대한 성찰을 하며, 그를 바탕으로 세계를 탐구할 수 있는 능력을 가지고 있다. 다른 어떤 동물이 이런 능력을 가지고 있는가? 당신이 지금 여기서 어떤 방식으로 행동할지를 생각한다는 사실은 우리 모두 스스로 한 선택의 산물이라는 증거다. 가난과 뇌손상, 술, 나쁜 친구들, 남성호르몬, 텔레비전 등은 어떤 사람이 범죄를 저지르거나 폭력을 휘두를 가능성을 높이는 요인은 될 수 있지만, 절대적 원인은 아니라는 것이다. 그렇지 않다면, 가난한 환경에서 부모의 학대를 받고 자란 남성호르몬 수치가 높은 남자들은 모두 범죄자가 되어야 마땅하지 않은가? 왜 그런 환경에서 자란 사람들 중에서도 지극히 평범하고 모범적인 시민이 된 사람이 수두룩한가? 또 상사나 직장 동료와는 잘 지내는 유순하기 그지없는 사람이, 집에 와서는 아내와 아이들을 때리는 것은 무엇으로 설명할 수 있는가? 나는 그것이 선택의 문제라고 본다. 술, 마약, 기타 화학물질들은 두뇌의 작용은 물론이거니와 우리의 일상적인 행동에까지 '영향'을 미친다. 그러나 그것들이 우리 행동을 '결정'하지는 않는다.

왜(Why) 게임

많은 사람들이 스스로 책임지기를 어려워하는 이유 중 하나는 '왜 (why) 게임'에 빠져 있기 때문이다. 그렇다고 '왜 게임'이 무조건 다 나쁜 것은 아니다. 우리의 행동과 태도를 이해하고 변화시키는 데 유용한 역할을 하기도 한다. 우리는 '왜 게임'을 통해 자신이 어떤 일을 '왜' 하고 있는지를 깨닫게 된다. 그리하여 우리가 하고 있는 일이 타당한지 여부도 자연스레 알게 되고, 타당하지 않다면 긍정적인 방향으로 바꾸든지, 일을 당장 중단할 수도 있다. 이 경우 '왜 게임'은 결과적으로 우리의 행동을 바꾸는 역할을 한다. 긍정적인 방향으로 말이다.

하지만 불행하게도, 너무 많은 사람들이 '왜 게임'을 자신의 행동을 바꾸지 않으려는 데 이용한다. 즉, 현재 자신이 좀더 의식적인 선택을 하지 못하는 데 대한 변명으로 과거를 사용하는 것이다. 이는 당신의 책임감으로부터 도피하는 것이다. 그러니 '왜' 그런지 생각하지 말고 그냥 당신의 행동을 바꾸라. 왜 그런지는 나중에 알게 될 것이다. 지금 당장 바꾸라. 왜 내가 과거의 '지금'들을 선택했는가를 판단하는 것은, 그것이 현재와 미래의 '지금'에 더 합리적인 선택을 하는 데 도움이 될 때에나 가치 있는 것이다.

끊임없는 선택

수십 년 동안 지녀 왔던 무책임한 태도를 바꾸기란 물론 어려운 일

이다. 그러나 우리가 처음에 그런 습관을 익혀온 것처럼 '버리는 것'
도 당연히 가능하다. 또 그래야 할 이유를 자각한다면 그 습관을 버리
기가 훨씬 더 수월할 것이다. 습관이란 단지 행동의 조각들이 서로 얽
힌 것일 뿐이기에, 당신은 얼마든지 바꿀 수도 있는 것이다. 우리는
매 순간 어떻게 느끼고 행동할지를 선택한다. 당신은 화를 내며 이 책
을 쓰레기통에 던져 버릴 수도, 꾹 참고 계속 읽을 수도 있다. 당신은
TV를 보기로, 포도주를 마시기로, 벌떡 일어나 소리를 지르기로, 꽃밭
에 오줌을 누는 이웃집 개 때문에 이웃과 싸우기로, 사장에게 월급을
올려달라고 요구하기로 선택할 수 있다.

우리가 우리 감정의 창조자며, 오직 우리만이 지금의 선택에 책임
이 있다는 것을 인정하게 되면, 그럴듯한 변명을 하거나 남을 탓하고
비난할 필요성은 사라져버린다. 당신이 그런 식으로 느끼거나 스스로
를 특정한 상황에 있도록 한 것은 당신의 선택이었다는 것을 인정한
다면 다른 사람이나 날씨, 전화 등을 탓할 수가 없게 된다. 그 순간 당
신의 개인적 선택권은 갑자기 무한대로 확장된다.

이런 적극적인 태도로 삶에 임하면, 곧 자기 삶을 더 잘 통제할 수
있기 때문에, 스스로에 대해 자부심이 강해질 뿐만 아니라, 신기하게
도 주변 사람들에게도 긍정적인 영향을 미친다는 사실을 알게 될 것
이다. 당신이 차분하게 행동하면 주변 사람들도 더불어 침착하게 굴
지 않는가? 당신이 스스로에게 "나는 이런 상황에서 화를 내지 않겠
어."라고 말하면, 일이 생각보다 더 나은 방식으로 풀리는 것을 보게
될 것이다.

우리 불행의 대부분은 우리의 책임을 다른 사람의 손에 넘기려 할 때, 외부 사건이 우리에게 영향을 미치도록 허락할 때 일어난다. 당신의 삶을 돌아보라. 당신이 했던 것들을 살펴보라. 누가 그것을 주관했는가? '결과는 거짓말을 하지 않는다.' 먼저 낙하산을 점검하지 않고 비행기에서 뛰어내리는 사람이 있는지 물어보라.

당신이 어느 대기업 부서의 책임자라고 해보자. 당신 부서는 실적이 매우 높다. 누가 그런 일이 일어나도록 했는가? 부하직원들인가? 상사인가? 누가 그들을 뽑았는가? 당신이 그들을 고용한 사람이 아니라 할지라도, 그들은 지금 당신 현실의 일부분이며, 당신은 그 현실에서 경험하는 모든 것에 100퍼센트 책임이 있다. 다른 사람들이 그렇게 하는가, 아니면 당신이 스스로에게 그렇게 되도록 허락하고 있는가? 당신은 거기에 대해서 적극적으로 어떤 일을 하고 있는가, 아니면 그저 변명만 하고 있는가?

같은 회사에서, 얼마나 많은 회의들이 제 시각에 시작되지 않는가? 당신은 자기 일을 제대로 처리하지 못한 사람들의 뒤치다꺼리를 하느라 얼마나 많은 시간을 낭비하고 있는가? 지구라는 행성에서는 아무도 당신에게 그렇게 한 사람이 없다. 그런데 왜 당신은 스스로를 그렇게 만드는가, 찰리 브라운?

이 행성에 사는 모든 인간은 자기 경험의 중심적인 위치에 있으며, 그들은 스스로에게 유발한 모든 것에 100퍼센트 책임이 있다. 우리가 원인보다는 결과로써 행동하는 태도를 바꿀 수 있을 때, 우리가 모두 인생이라 불리는 게임을 같은 규칙으로 할 때, 모두가 책임지고 협력하는 세상을 만들 수 있을 것이다. 이는 다른 사람을 고친다고 해결될 문제가 아니다. 우리가 다른 사람들에게 바라는 것은 그들이 자기 삶을 경영하는 데 늘 전적인 책임을 지는 것이다. 우리는 그들이 항상 우리와 합의한 것을 지키고, 항상 우리에게 진실만을 이야기하며, 다른 사람을 탓하거나 비난하지 않기를 바란다.

누구나 시도는 한다, 그렇지 않은가?

나는 일을 제 시간에 마치려고 했는데 차가 막혔다.

나는 더 빨리 탈고를 하려고 했는데 아이들 때문에 너무 바빴다.

나는 침착하고 이해심 많은 부모가 되려고 하지만, 아이들이 너무 말을 듣지 않는다.

나는 결혼 생활이 지속되기를 바랐지만, 상대가 도무지 말이 안 통하는 사람이다.

당신은 "나는 …하려고 했다."라고 말한다. 그러나 정작 하지는 않았다.

"나는 …할 수 있었는데…."라고 말하지만, 역시 당신은 하지 않았다.

"…했다면…." 그것 봐라. 당신은 하지 않았다. 시도라는 것은 럭비, 다트 놀이에서나 중요한 것이다.

나는 당신이 이 책을 내려놓으려고 시도하기를 바란다. 내가 말하는 것이 무슨 뜻인지 잘 생각해보라. 나는 당신이 이 책을 내려놓기를 '바라지 않는다.' 나는 당신이 책을 내려놓으려고 '시도' 하기를 바라는 것이다.

담배를 끊으려고 '시도' 해보라. 살을 빼려고 '시도' 해보라. 당신은 원하는 결과를 얻거나 그러지 못할 것이다. 찰리 브라운은 축구공을 차거나 차지 못할 것이다. 시도한다고 해서 무조건 골을 넣는 것은 아니다. '시도'가 아니라 '하는' 것이다. 그의 성공이나 실패는 오로지 그에게 달려 있다. 변명의 여지는 없으며, 중도하차도 없다.

삶에서, 결과는 거짓말을 하지 않는다.

Chapter 5

천왕성에서 온 메일

죄의식과 비참함에 대해 곱씹는 일은 다른 사람이나 하게 두라.
– 제인 오스틴 *Jane Austen*

📂 첫번째 메일

- **수신자** : 윈턴 번스타인 회장님
- **발신자** : 특별 조사관 로버트 마틸
- **날 짜** : 2087년 8월 3일
- **제 목** : 천왕성 지사에 도착

저는 어제 예정대로 유로파 역에 잘 도착했습니다. 새로 생긴 초고속 도로 덕에 이곳까지 순식간에 올 수 있었습니다. 공식적으로 여기서 저는 '은하계 상품감독관'의 역할을 수행하기 때문에, 아무도 저를 지구에서 온 '특별 조사관'으로 의심하지 않습니다.

천왕성은 지구와 매우 비슷합니다. 황무지나 다름없던 이곳을 이렇게 안락하고 아름다운 땅으로 변화시킨 회사의 노력에 경이로움을 금치 못하겠습니다. 그러나 그럼에도 불구하고, 천왕성에는 뭔가 이상한 기운이 느껴집니다. 아직은 뭐라 꼬집어 말할 수는 없지만 말입니다. 천왕성으로 오는 비행선에서 이곳 지사의 문제점에 대한 보고서를 읽었습니다. 정말 심각한 문제더군요. 될 수 있는 한 신속히 처리해야 할 것 같습니다. 생산량 감소, 비용 폭등, 허술한 장부 관리, 높은 결근율과 사고율, 관리 태만, 직원들의 높은 불만, 모두 경악할 만한 수치를 기록하고 있더군요. 특히 타 행성의 지사들과 비교해볼 때 문제의 심각성은 더욱 두드러집니다. 며칠 더 지나면 이 행성의 문제점을 보다 정확히 파악할 수 있을 것 같습니다.

📁 두번째 메일

- 수신자 : 윈턴 번스타인 회장님
- 발신자 : 특별 조사관 로버트 마털
- 날　짜 : 2087년 8월 23일
- 제　목 : 변명하기

천왕성 지사의 문제점을 발견했습니다. 처음 제가 우려했던 대로 그 문제는 행성 전체에 만연해 있더군요. 바로 '변명하기'입니다. 지구와 다른 은하계 자회사에서는 어떤 변명도 용납되지 않기에 저는 꽤 큰 충격을 받았습니다. 아직도 잘 믿기지 않지만, 분명히 사실입니다. 오늘 아침 기획부 회의에 있었던 일을 말씀드리죠. 기획부 과장이 보고서 제출이 늦어지겠다고 당당히 말했습니다. 지원 부서에서 아직 보고서 작성에 필요한 정보를 주지 않았기 때문이라는 변명과 함께요.

저는 당연히 팀장이 그 과장을 호되게 야단치리라 예상했습니다. 그런데 웬걸. 팀장은 그 과장의 변명을 너무나 순순히 받아들였습니다! 팀장은 과장이 그 프로젝트에 23퍼센트의 책임밖에 없으니, 보고서를 제시간에 내지 못한 데 대한 전적인 책임이 없다고 했습니다. 결국 내년 1월까지 새 굴착 작업이 연기되었습니다. 더 기가 막히는 것은 이런 식의 지연이 작년부터 올해까지 벌써 세 번째라는 것입니다.

제 부서의 직원들의 대부분은 매일같이 지각을 하고서는 차가 막혔느니, 주차할 곳을 찾아 헤맸다니 등의 핑계를 댑니다. 제가 그들에게 "그런 것들은 변명거리가 안 돼요."라고 말하면, 그들은 절 마치 외계인 보듯 쳐다봅니다. 나 원 참!

질병 또한 이곳의 심각한 문제입니다. 직원들 중에 몸이 성한 사람은 거의 없어 보입니다. 결근과 조퇴도 이곳에서는 별다른 일이 아닙니다. 심지어 회사 경영 지침에 '직원은 아픈 데 대해 책임을 지지 않는다'라고 명시돼 있습니다. 우리 지사만의 문제가 아니라, 전체 천왕성이 다 마찬가지입니다.

그러나 정말 충격적인 것은 그들이 병에 걸리는 방법입니다. 유로파 역 근처에는 병균을 잡을 수 있는 특별한 장소들이 있습니다. 귀뚜라미나 모기 같은 곤충들을 얘기하는 것이 아닙니다. 감기균, 독감균, 건초열균, 기관지염균, 연쇄상구균, 폐렴균, 암균을 말하는 겁니다. 어떤 질병이든 그곳에서 구할 수 있습니다. 자기가 원하는 병균이 있으면 잡아서 삼키면 됩니다. 게다가 이곳 사람들은 어찌나 마음씨가 착한지, 아프다고 하면 다들 엄청나게 걱정해줍니다. 얼마나 아픈지, 얼마나 피곤한지 얘기하면, 옆에서 같이 울어줄 정도입니다. 그래서 직원들은 항상 아프기를 바라고, 그것은 예외 없이 훌륭한 변명거리가 됩니다.

회장님께 제가 "아이들에게 독감이 옮아서 오늘은 더 이상 일을 못하겠습니다."라고 말했던 때를 기억하십니까? 그때 회장님은 제게 말씀하셨지요. "마털 씨, 나는 그런 말에 별로 신경 쓰지 않습니다. 변명이라니요, 안 될 말입니다. 당신은 처음부터 독감에 걸리지 않도록 주의했어야 합니다. 스스로 책임을 지세요. 아이들은 당신에게 독감을 옮기지 않았습니다. 당신이 가져 온 겁니다. 아시겠어요?"

📁 **세번째 메일**

- **수신자** : 윈턴 번스타인 회장님
- **발신자** : 특별 조사관 로버트 마털
- **날 짜** : 2087년 9월 7일
- **제 목** : 천왕성 하이킹

얼마 전 저는 하루 휴가를 내 테라폼 사람들이 만든 아름다운 산을 하이킹했습니다. 숨 막힐 듯한 절경에, 깎아지른 듯한 절벽, 정말 장엄한 풍경이었습니다. 지구에서 저는 고소공포증이 있었지만, 그것은 단지 제가 높은 곳을 무서워하기로 선택했을 뿐이라는 사실을 깨닫고부터는 '높이'에 자유로울 수 있었습니다.

그러나 여기 천왕성에서는 말입니다, '높이'라는 것은 정말 두려운 존재입니다. 저는 수목 한계선 위 조금 좁은 길에서 하이킹을 하고 있었는데, 갑자기 산 전체에서 "우르르 쾅"하는 소리가 들렸습니다. 맙소사, 저는 여태껏 그렇게 큰 소리는 처음 들어봤습니다. 천둥이 한꺼번에 천 번이나 울리는 듯 했습니다. 정말이지 그때 느낀 공포감은 말로 표현하기가 힘듭니다. 그 충격의 여파로 다음날에는 아예 집밖에도 나가지 않았습니다. 회장님이 지구 날짜로 3개월 뒤 보고서를 제출하라고 하셨지만, 좀 늦어질지도 모르겠습니다.

🗀 네번째 메일

- **수신자** : 윈턴 번스타인 회장님
- **발신자** : 특별 조사관 로버트 마틸
- **날 짜** : 2087년 9월 29일
- **제 목** : 감정 공격기

회장님, 시간이 갈수록 과연 제가 맡은 임무를 달성할 수 있을지 자신이 없어집니다. 여태껏 저는 말도 안 되는 변명들을 해대는 한심한 은하계 관리자들을 수없이 상대했습니다. 물론 저는 그들에게 제가 회장님의 특별 임무를 수행하고 있다고는 말하지 않았습니다. 그들이 제게 어떻게 했는지 아십니까? 제 기분을 상하게 했습니다!

지구에서는 아무도 제 감정을 상하게 할 수 없었습니다. 제가 기분이 상하게 되는 것은 제가 누군가로 하여금 제 기분을 상하게 허락했기 때문입니다. 그것은 전적으로 제 선택입니다. 하지만 천왕성에서는 상대방이 받아들이지 않아도 남의 감정을 상하게 할 수 있습니다. 그럴 수 있는 이유는 모두가 무선호출기같이 생긴 '감정 공격기' 를 들고 다니기 때문입니다. 그것으로 그들은 상대를 겨냥하고 그 사람의 감정을 공격합니다. 관리자들은 제가 괜한 트집을 잡는다며 그들의 감정공격기로 저를 겨냥하고, '비열함' 이라는 단추를 눌러 저에게

'비열한 놈' 이라는 느낌을 받게 만들었습니다. 회장님, 저는 아무래도 도움이 필요할 것 같습니다. 신변에 심각한 위협을 느낍니다.

📁 **다섯번째 메일**

- 수신자 : 윈턴 번스타인 회장님
- 발신자 : 특별 조사관 로버트 마텔
- 날　짜 : 2087년 10월 15일
- 제　목 : 죄의식

죄송하지만 보고서 작성이 늦어지게 됐습니다, 회장님. 저는 요즘 제게 무슨 일이 일어나고 있는지 잘 모르겠습니다. 아시다시피 저는 천주교 신자가 아닙니다. 그러나 호기심에 한번 유로파 역 중심에 있는 '영속적인 슬픔과 영원한 죄의식의 여인' 이라는 대성당에 미사를 드리러 갔습니다. 하지만 전 그곳에 갔다 온 걸 지금 후회하고 있습니다. 그곳에 갔다 온 이후 계속 죄의식에 시달리고 있습니다. 지금 무슨 헛소리를 하냐고요?

지구에서는 죄의식이 헛된 감정이며 시간 낭비라는 것을 너무나 잘 알고 있었습니다. 과거에 일어난 일에 대해 걱정한다고 해서, 과거나 오늘날의 상황을 바꿀 수 없는 일 아닙니까. 과거에 대해 죄의식을 느낀다면 현재의 '지금' 에 대해 현명한 선택을 내릴 수 없을 겁니다.

하지만 여기서는 죄의식을 떨쳐버릴 수 없습니다. 너무나 괴로운 하루하루의 연속입니다. 저만 그런 것이 아닙니다. 천왕성인들은 죄의식 속에 파묻혀 삽니다. 피플무버*peoplemover*를 타고 길거리를 지나가다 보면, 사람들이 허리를 굽혀 발목에 붙어 있는 못생기고 털이 북

슬북슬한 작은 생명체를 쓰다듬는 것을 볼 수 있습니다. 처음에 그것을 봤을 때 저는 도대체 그 물건이 뭐냐고 물었습니다. 상대방이 놀란 듯 저를 쳐다봤습니다. 이번이 처음 천왕성 방문이라고 해명하자, 그는 그제야 알겠다는 듯 설명을 해주었습니다. 그것의 이름은 '추카스 Chucas' 며, 어떤 사람이 죄의식을 느끼면 그것을 감지하고 발목을 핥는다고 했습니다.

"그런데 왜 그걸 쓰다듬는 거죠?" 저는 바보같이 물었습니다.

"물론 제가 죄의식을 느끼기 때문이죠."

천왕성인들은 죄의식을 아주 진지하게 여깁니다. 그들은 주말에 '죄의식 단체 모임' 을 갖습니다. 어느 날 저녁 저도 우연히 한 모임에 참여하게 되었습니다. '30년 전쟁 모임' 이었습니다. 저는 전쟁사에 흥미를 갖고 있었던 터라, 일종의 강의 같은 것을 듣겠거니 하고 가보았습니다. 그런데 그곳에는 300명의 천왕성인들이 큰 원을 그리고 둘러앉아 있었고, 한 나이 지긋한 남자가 원의 중앙에 서서 독일인의 이름들을 하염없이 낭송했습니다. 지금 뭐하는 거냐고 물으니, 30년 전쟁 때 죽은 사람들에 대해 죄의식을 느끼고 있는 중이라고 했습니다.

30년 전쟁은 1600년대 초반 지구에서 일어난 전쟁이지만, 이곳 사람들은 아직도 죄의식의 늪에서 허덕이고 있습니다. 나중에 알게 된 사실인데, 금성에는 '굶주림에 대한 죄의식 단체' 가, 목성의 제1위성인 이오에는 '환경오염에 대한 죄의식 단체' 가, 목성에는 '범죄에 대한 죄의식 단체' 가, 금성에는 '인종 차별주의에 대한 죄의식 단체' 가 있다고 합니다.

더 심각한 것은 천왕성에서는 죄의식이 현실에까지 영향을 미친다는 것입니다. 옆집에 사는 남자는 몇 년 전에 이혼을 했다고 했습니다. 그는 결별의 원인이 자신에게 있기 때문에 진정으로 죄의식을 느끼고 있다고 말했습니다. 지구에서는 그 남자가 이혼에 대해 100퍼센트 책임이 있다는 것을 누구나 알고 있습니다. 아내와 아이들도 마찬가지고요.

그러나 그렇다고 죄의식을 느껴야 한다는 뜻은 아니라는 것도 알고 있습니다. 오히려 그는 자기 경험으로부터 교훈을 얻고 그 지식을 '지금'에 사용해 더 잘 살도록 노력해야 합니다. 이 남자는 그러지 않았습니다. 그는 흐느끼고 신음하며 이혼과 관련된 죄의식 단체들에 참석했고, 틈만 나면 추카스를 쓰다듬었습니다. 그 결과 실제로 그는 아내와 아이들을 다시 데려 올 수 있었습니다. 하지만 이제 그는 스스로에게 관대하지 못했던 데 대해 다시 죄의식을 느끼고 있습니다. 아내와의 순탄치 않은 관계는 말할 것도 없고요.

여기에는 수많은 '걱정 단체'들도 있습니다. 거기서 그들은 아직 있지도 않은 미래에 대해 걱정합니다. 마찬가지로 미래에 대한 걱정 또한 실제로 그들의 미래를 바꿀 수 있다고 합니다.

회장님, 이 이야기는 전부 사실입니다. 추카스, 죄의식 단체, '영속적인 슬픔과 영원한 죄의식의 여인'의 대성당은 여기에 분명 존재합니다. 이 행성에서 산다는 것은 정말 괴로운 일입니다. 미치겠습니다.

- **수신자** : 윈턴 번스타인 회장님
- **발신자** : 특별 조사관 로버트 마털
- **날　짜** : 2087년 11월 21일
- **제　목** : 콤플렉스와 공포증

회장님! 마지막 보고를 드린 지 한참이 지났다는 것을 알고 있지만, 그렇다고 해서 제가 일을 게을리 하고 있는 것은 아닙니다. 예전 보고서를 통해 이곳 직원들의 지각과 결근이 잦은 주된 이유는 질병 때문이라고 말씀드린 바 있습니다. 그런데 최근 저는 새로운 이유를 발견했습니다. 바로 각종 콤플렉스와 공포입니다. 어제 저는 동료 직원들과 휴식 시간을 이용해 잠깐 상점에 들렀습니다. 그 상점 구석에는 큼지막한 빨간 상자가 있었습니다. 바로 공포와 콤플렉스를 진열하는 상자였던 것입니다. 저는 궁금증이 생겨 그 중 몇 개를 사가지고 집으로 돌아왔습니다. 집에서 꼼꼼히 다시 살펴 본 후, 저는 화들짝 놀라지 않을 수 없었습니다.

제가 산 것은 '고양이 혐오증' 으로 바이오마인드 실험실에서 단돈 1 임페리얼 크라운에 내놓은 것이었습니다. 또 다른 것은 '외국인 혐오증' 이었습니다. 둘 다 가루형태라 우유에 타먹을 수 있었습니다. 그밖에 '천체 공포증', '광장 공포증', '폭식증' 등도 있었습니다. 이것은 가루가 아니라 알약이었습니다.

저는 비타민A와 비타민B 복합제는 본 적이 있어도, 열등감 콤플레스나 박해 콤플렉스, 과대망상증, 소심증, 공격성, 스트레스, 알코올중독, 편집증, 우울증, 유치증 등의 약은 본 적이 없습니다. 의기양양이나 행복, 혈기왕성, 외향성, 강인함 등의 약도 있었지만, 제 동료들은 그런 것들에는 관심이 없어 보였습니다.

어젯밤 저는 몇 개의 가루약과 알약을 직접 실험해봤는데, 제길, 효과가 있었습니다. 어젯밤 시내에 나갔다가 고양이를 만났는데, 갑자기 두려움이 몰려왔습니다. 제가 얼마나 고양이를 좋아하는지 회장님은 아시죠?

이곳은 정말 이상한 곳입니다. 하지만 저도 점점 물들고 있는 것 같네요. 두렵습니다, 회장님.

🗁 일곱번째 메일

- **수신자** : 윈턴 번스타인 회장님
- **발신자** : 특별 조사관 로버트 마털
- **날　짜** : 2087년 12월 19일
- **제　목** : 걱정들의 공격

걱정해주셔서 감사합니다. 제가 이 임무를 예전에 맡았던 임무들만큼 훌륭히 해내지 못하고 있다는 것을 잘 알고 있습니다. 얼마 전 금성지사에서 제가 부실경영과 부패를 속속들이 밝혀냈던 걸 기억하시겠죠? 하지만 이곳 천왕성에서는 제가 얼마나 더 이 임무를 수행할 수 있을지 확신할 수 없습니다. 휴가가 다가오면서, 저는 제 자신이 자주 '걱정의 공격' 에 시달리고 있다는 것을 알았습니다.

무슨 말씀을 하실지 알고 있습니다. 지구에서는 걱정이 절 공격하지 않으니까요. 지구에서는 스스로에 대해서나 지금 하고 있는 일에 대해 확신이 없을 때, 걱정과 스트레스가 자신을 공격하도록 허용하는 것입니다. 그러나 회장님, 이곳 천왕성에서는 정말로 걱정이 사람들을 공격한답니다. 그것은 유로파 역 주변의 산들에서 내려옵니다. 무리를 지어 말을 탄 A와 X, N 무리가 고막이 터질 듯한 고함을 지르며 채찍으로 사람들을 공격합니다. 그렇게 무서운 경험은 처음이었습니다. 아직도 두려움이 채 가시지 않았습니다.

문제는 이뿐만이 아닙니다. 회장님도 아시다시피, 저는 비디오폰이 제 일을 방해하게 내버려두는 사람이 아닙니다. 그러나 지난 금요일 오후, 조용히 서류작업을 하고 있었는데, 제 비디오폰에서 "삐이익~ 삑" 소리가 나며, 액정 모니터도 켜졌다 꺼졌다를 반복했습니다. 수리공을 불렀더니 그가 하는 말이, 제가 비디오폰을 충분히 사용하지 않은 것이 문제였다고 했습니다. 비디오폰은 제가 사무실에 있다는 것을 다 알기에, 제가 있으면서도 자기를 사용하지 않으면 마음에 상처를 입는다고 했습니다. 수리공은 비디오폰을 무생물로 생각하지 말고 어린아이처럼 대할 것을 충고해 주었습니다. 회장님, 천왕성 사람들은 모두 미치광이입니다!

🗀 **마지막 메일**

• 수신자 : 원턴 번스타인 회장님
• 발신자 : 특별 조사관 로버트 마털
• 날　짜 : 2088년 2월 9일
• 제　목 : 삶은 그런 것

회장님, 이제야 연락을 드려 죄송합니다. 제게 여러 번 메시지를 보낸 거 알고 있습니다. 제가 마지막으로 보고서를 제출한 지가 언제죠? 아무튼 죄송합니다. 저는 시간 개념을 완전히 상실했습니다. 저는 여러

주 동안 독하다고 소문난 천왕성 바이러스성 독감에 걸렸었고, 이틀 동안은 비행선에 시동이 걸리지 않아 아무 데도 갈 수 없었습니다. 보고서는 지금 전송할 수 없습니다. 통신부가 제대로 업무를 보지 않고 있거든요.

이제는 천왕성이 왜 이 모양인지에 대한 최종결론을 말씀드리겠습니다. 어제 저는 '영속적인 슬픔과 영원한 죄의식 여인' 대성당 뒤편에 있는 작은 서점에 들렀습니다. 그곳에는 천왕성인들이 길게 줄을 서 있었습니다. 저도 얼떨결에 줄을 섰고 무한정 기다리기 시작했습니다 (계산원은 한 명뿐이었고, 그녀는 신용카드기를 어떻게 사용하는지 모르는 것 같았습니다). 저는 그들이 무슨 책을 사는지 유심히 관찰했습니다. 드디어 카운터 앞에 도착했을 때, 계산원은 작고 빨간색의 책을 건네주며 "4임페리얼 크라운이에요."라고 쌀쌀맞게 말했습니다. 책의 제목은 《삶은 그저 그런 것》이었습니다. 책을 다 읽지는 못했지만, 아주 흥미로운 것만은 사실입니다. 저자가 누군지는 모릅니다. 천왕성에서는 언제, 어디서, 어떤 업적을 이루든지 그 공적을 인정해주는 법이 없습니다. 책을 다 읽고 나서 곧바로 최종 보고서를 올리겠습니다.

Chapter 6

여보세요~, 거기 누구 없어요?

삶은 술래잡기 놀이며, 당신은 언제나 술래다.
– 작자 미상

삶은 환불이 불가능하다. 당신이 인생에서 경험하는 개인적인 '지금' 중 마음에 들지 않는 것이 있다 해도, 그것을 고객센터로 들고 가서 환불받을 수 없다. 각각의 지금은 오직 단 한 번만 일어나며, 당신은 그것이 좋든 싫든 받아들여야 한다. 따라서 당신이 최상의 인생을 살고 싶다면, 모든 '지금' 마다 최상을 것을 얻어야 한다. 결국, 당신이 전적으로 당신의 지금에 대해 책임이 있다면, 당연히 그 선택을 당신이 원하거나 바라는 것으로 채워야 한다. 그러한 '지금' 의 질을 높이는 한 가지 방법은, 바로 당신이 모든 '지금' 을 의식하는 것이다. 우리는 이 행성에서 무한정 머무를 수 없다. 그런데 당신은 뭘 믿고 정신을 바짝 차리지 않는가?

　주변을 둘러보면 정신을 차리고 있는 사람이 많지 않다는 사실을 쉽게 알 수 있다. ‘제정신이다’, ‘의식한다’ 또는 ‘인지한다’, ‘현재에 산다’ 등의 말은 당신의 정신과 육체가 같은 시간, 같은 장소에 있다는 말과 같다. 즉, 당신의 정신과 신체가 같은 ‘지금’에 있다는 것이다.

　그러면 ‘지금’은 어디에 있는가? 나는 ‘지금’이 어디에 있는가를 설명할 때 다음의 방법을 즐겨 사용한다. 먼저 한 사람에게 의자에 앉아 눈을 감고 고등학교 시절을 떠올려보라고 한다. 그리고 그 사람이 가장 좋아했던 수업, 제일 좋아했던 선생님을 생각해보라고 한다.

　그 선생님의 이름은 무엇이었는가? 교실은 어떤 모습이었으며, 그 수업의 어떤 점이 가장 마음에 들었는가? 그 사람이 달콤한 추억을 회상하고 있는 동안, 나는 얼음이 든 물잔을 들고 그 사람 뒤에 선다. 나는 얼음을 달그락거리며 주변 사람들에게 묻는다, “내가 잔에 든 물을 이 사람의 옷에 붓는다면, 이 사람의 옷이 젖는 곳은 어디일까요? 여기일까요, 아니면 고등학교 교실일까요?”

　그러면 그 사람은 기겁을 하며 의자에서 벌떡 일어난다. 두말할 필요 없이, ‘여기’가 그 사람이 있는 곳이다. 당신의 정신과 육체가 분리될 때, 당신의 육체는 현재에 있고 정신적 지각은 과거나 미래, 또는 그 사이 어딘가에 머문다. 그것이 바로 의식이 없는 상태다. 당신은 의식이 없는 상태, 즉 ‘무의식’ 상태에 있다.

　당신 몸에 있는 상처들을 살펴보라. 장담하건대 그것들은 당신이 ‘무의식’ 상태에 있었을 때 생겼을 것이다. 당신 몸에 상처가 생길 때 당신은 제정신이 아니었던 것이다. 비록 당신은 상처가 생기자마자 '아차' 하고 정신을 차렸겠지만…. 사고는 일어나지 않는다. 사고는 유발되는 것이다.

나는 캘리포니아 주 뉴포트 비치에서 열렸던 3일간의 세미나를 마치고 집에 돌아왔던 때를 생생히 기억한다. 운전을 하던 중에 나는 제정신이었지만, 차고에서부터는 긴장을 풀었기에 '무의식' 상태가 되고 말았다. 내 딸 메건이 와서 무엇인가 종알거렸지만, 나는 아이가 하는 말을 듣고 있지 않았다. 딸은 심통이 났는지 내게 말했다. "가끔 아빠가 집에 오셔도 집에 안 계신 것 같아요." 내가 제정신이었는가?

무의식의 신호

우리가 제정신이 아닐 때, 지금에 살고 있지 않을 때, 정신과 몸이 따로 놀 때, 그 때가 바로 이럴 때다.

남녀 화장실을 바꿔서 들어갈 때
아이스크림을 냉장고에 넣지 않을 때
직장에 가는 길을 지나칠 때
문에 '미시오' 라고 써 있는데 당길 때
엘리베이터를 타고서 다른 층에서 내릴 때
차에 열쇠를 두고 문을 잠글 때

한밤중에 시트를 내리지 않고 변기 위에 앉을 때

다리미를 켜두고 잊어버릴 때

누가 부르지도 않았는데 대답을 할 때

망치질 하다가 엄지손가락을 때릴 때

4번 구역에 주차하고는 3번 구역에서 찾을 때

당신은 어떤 사람이 당신에 대해 의식하지 않고 있다는 것을 대체로 금방 알아차린다. 호텔에 한번 가보라. 프런트 직원은 좀처럼 정신을 차리고 있는 경우가 없다. 그 직원이 정신을 차리고 있다면, 그 호텔은 주변 어떤 호텔보다 더 잘 나갈 것이다. 데스크로 가서 직원에게 당신의 이름을 말해보라. 잠시 후에 다시 가보면 그 직원은 또 물을 것이다. "성함이 어떻게 되시죠?"

당신이 질문이나 부탁을 하면, 그 직원은 무의식적으로 고개를 끄덕일 것이다. 당신은 아마 데스크에 기대서 소리치고 싶어질 것이다. "여보세요~~~, 거기 누구 없나요?"

이륙하기 직전 비행기 안을 보라. 얼마나 많은 사람들이 '무의식' 상태에 빠지는가? 이륙 전 비행기 승무원들이 안전교육을 실시한다 ("객실 압력이 갑자기 낮아질 경우 산소마스크가 앞으로 떨어질 겁니다. 그 마스크를 쓰시고…"). 그러나 그 말을 주의 깊게 듣는 사람이 있는가? 사업가들은 이미 〈월스트리트 저널〉에 깊이 빠져들었고, 부모들은 아이들 단속하느라 바쁘고, 나머지 사람들은 벌써부터 꿈나라에 도착했다.

의식이 있는 사람들은 비행기를 처음 타는 사람들뿐이다. 언젠가

비행기를 탔을 때`나는 한 승무원이 다음과 같은 헛소리를 하는 것을
들었다("갑자기 선실의 기압이 낮아지는 경우 닭이 여러분 앞에 내려올 것
입니다. 그러면 닭 주둥이에 모두 입을 대시고…"). 그 때 단 두 명도 거기

※ 저작권은 1986년 유니버셜 시디케이트에 있음

에 신경을 쓰지 않았다.

한 번은 조종사가 인터콤에 대고 이런 농담을 한 적도 있다. "제가 뒤 창문을 볼 수 있을 만큼 승무원들이 복도를 깨끗이 치우면, 그 때 출발하겠습니다." 이때는 세 명이 웃었다(웃기지 않는가? 비행기에는 뒤 창문이 없다).

당신 주위에 '무의식'에 빠져 있는 사람은 누군가? 당신의 자녀들과 상사, 동료들이 그럴 것이다. 주유소 직원은 어떤가? 파티에서 만난 사람들은 3초도 안 지나 당신의 이름을 까먹을 것이다. 식료품점 점원, 배우자, 댄스 파트너도 걸핏하면 '무의식'에 빠진다.

부부들은 거의 '무의식' 상태에서 서로를 대한다. 결혼한 지 오래될수록 더 그렇다. 그들은 서로의 말을 너무 오랫동안 들어 왔던 터라 더 이상 귀 기울일 필요가 없다고 생각한다. 그러나 이것은 서로에게 불행한 일이다.

"여보, A/S센터에서 TV를 찾아왔나요? 오늘 주말의 명화 보기로 했잖아요." 아내가 묻는다.

"젠장." 당신은 분명 전에도 했음직한 이 말을 내뱉고 덧붙인다. "나는 당신이 찾아올 거라 생각했지."

"아뇨. 어젯밤에 제가 당신더러 오늘 오후 퇴근하는 길에 찾아달라고 했잖아요. 나는 병원에 가야 했다고요. 당신이 그러겠다고 했잖아요."

"내가? 난 그런 말 못 들었는데."

"신문 보느라 건성으로 들었군요."

성치료사인 매터스*Maters*와 존슨*Johnson*은 한 보고서에서, 사랑을 나누는 남녀 중 87퍼센트가 서로를 의식하지 않는다고 주장했다. 그들이 이런 수치를 어떻게 얻었는지는 잘 모르겠다. 하지만 이런 수치는 사람들의 '무의식' 이 심각한 수준에 이르렀다는 것을 시사해준다.

스포츠 신문을 즐겨 보는 사람이라면 이런 인터뷰 기사를 자주 접해 보았을 것이다.

기자 : 오늘 패배의 원인이 무엇이라고 생각하십니까?

선수 : 막판에 집중력이 떨어졌습니다.

그 말을 해석하면 이렇다. "저는 제정신이 아니었습니다. 제 몸은 경기장에 있었는데, 정신은 딴 데 가 있었습니다."

책임으로부터의 '무의식'

현대인들이 '무의식' 에 빠지는 가장 주된 이유는 자기 삶의 결과에 대해 개인적 책임을 지지 않기 때문이다. 삶에서 결과를 창출할 수 있는 유일한 시간은 '지금' 뿐이다. 당신이 지금 '무의식' 에 빠져 있다면, 당신이 창출할 수 있는 유일한 결과물은 변명뿐이다.

결혼한 사람의 3분의 2가 이혼을 하는 것도 어찌 보면 당연한 일이다. 그들은 서로에게 집중하지 않으니까. 아이들과의 관계가 종종 소원해지거나 껄끄러워지는 것도 당연하다. 우리는 아이들이 학교에서 겪는 문제와 심리 상태를 이야기할 때 아이들에게 집중하지 않고 있다(당신이 '무의식' 에 빠져 있는 동안 아이들은 "어제 자살 충동을 느꼈어요."라고 이야기했을지도 모른다).

　직장에서 상해를 입는 근로자들이 그렇게 많은 것도 그리 놀랄 일이 아니다(물론, 그들은 거기에 대해 거의 책임지는 법이 없다. 회사를 상대로 소송을 하는 것이 더 쉬우니까). 매년 미국에서 수만 명의 사람들이 교통사고로 사망하는 것도 당연한 일이다. 그들은 안전띠를 매지 않았기 때문에 죽은 걸까, 아니면 차에 심각한 결함이 있어서 죽은 걸까? 아니다. 대부분은 자신의 몸이 가는 길에 그들의 정신을 함께 두지 않기로 '선택'했기 때문에 죽는 것이다. 그렇게 많은 사람들이 생각보다 인생을 즐기지 못하는 것도 무리가 아니다. 우리는 좀처럼 '지금'에 있는 법이 없으니까.

　우리는 파티장에 가서는, 왜 지난주에 판매 실적이 좋지 않았을까, 내일 지붕을 수리해야겠다, 시간 여유가 있으면 다음 주말에 야구 경기를 보러 가고 싶다 등의 생각을 한다. 이런 생각들은 꼬리에 꼬리를 물고 당신을 '무의식'이라는 늪에서 헤어 나오지 못하도록 한다. 그러고는 파티가 왜 그렇게 재미없었을까 하며 의아해 한다. 내 말이 틀렸는가?

　당신은 언제 처음 '무의식' 상태에 빠졌었는가? 당신이 처음 현재에서 벗어나 무의식에 빠진 때가 언제인가? 좀 더 어린 시절로 돌아가 보자. 당신이 태어나기도 전으로. 그 때의 환경은 어땠는가? 온도는 기분 좋을 만큼 따뜻하고, 조금씩 마시며 영양분을 섭취할 수 있는 개인 풀장은 24시간 개방돼 있었다. 편안한 숨소리와 고요하고 쾌적한 최상의 개인 '자궁 서비스'가 제공됐다. 그러다가 어느 날 당신은 갑자기 태어났다. 주변이 시끌벅적해졌다. "도대체 누가 내 풀장의 물을 뺀 거야?" 특별한 예식도 없이 당신은 세상 밖으로 갑자기 내던져졌다. 당신은 아스피린 한 봉으로도 잠재울 수 없는 두통을 느낀다. 눈이 부시다. 춥다. 시끄럽다. 건조하다. 두렵다. 누군가 당신의 엉덩이를 찰싹찰싹 때리고, 사내아이라며 호들갑을 떤다.

이제부터 당신은 음식과 음료를 주문해야 한다. 당신이 바라는 유일한 것은 지난 아홉 달 동안 있던 곳으로 다시 기어들어가는 것이지만, 안타깝게도 이제 그 문은 닫혔다. 책임과 선택으로부터 탈출할 수 있는 유일한 문은 당신이 태어남과 동시에 닫혔다. 그래서 난 많은 사람들이 남은 생 동안 '무의식'에 빠지는 것은 자궁으로 되돌아가려는 본능적 욕구 때문이라고 생각한다. 너무 지나친 비약인가?

롤빵과 텔레비전

우리의 '무의식'은 암암리에 일어난다. 회의실이나 파티장을 한번 떠올려보라. 얼마나 많은 사람들이 주변 사람들과 소통을 피하기 위해 스스로 정신을 산란하게 하는가를. 그런 행동은 의도적일 수도 있고 아닐 수도 있다. 커피나 물 마시기, 시계를 흘끔흘끔 쳐다보기, 담배 피우기, 냅킨에 그림그리기 등이 흔히 하는 행동들이다. 그러나 당신은 이런 행동을 하면서 상대방에게 집중할 수 있는가?

회의실 탁자에 놓인 롤빵을 보며 입안 가득 침이 고인 당신, 어떻게 중요한 비즈니스에 집중할 수 있겠는가? 롤빵은 접시 가득 담겨 있다.

따뜻한 김이 모락모락 올라오고 달콤한 잼이 조금씩 흘러내리고 있다. 당신은 고소한 버터가 롤빵 꼭대기에서 천천히 녹아 액체로 변하는 것을 탐욕스럽게 바라본다. 이제 당신은 빵을 뜯어 입에 꾸역꾸역 넣고 그 달콤함을 오랫동안 음미한다. 자, 이제 한 가지만 물어보자. 방금 상사와 한 이야기의 핵심은 무엇인가?

우리는 '지금'에서 벗어나 한꺼번에 6가지 일을 하려고 노력하며 인생 전체를 비틀거리며 보내고 있지 않은가? 우리는 한쪽 눈으로 텔레비전을 보며 대화를 나누고, 바다가재와 마티니로 입을 채우며 사업상 거래를 하고, 친구와 전화를 하며 계산서를 쓴다. 당신이 텔레비전을 켜 놓고 이 책을 읽고 있다면, 당신은 내가 말하고 있는 것의 일부를 놓치고 있거나, 글을 보고는 있지만 내용에 집중하지 않아서 읽었던 부분을 다시 읽고 있을 것이다. 아닌가? 사실 이런 이들 자체가 잘못이라고 생각하지 않는다. 텔레비전은 자기가 켜 있든 꺼져 있든 상관하지 않으니까. 그러나 그것이 우리가 '지금'에 있을 수 없게, 상대의 말을 듣고 집중하지 못하게, 업무에 효율적이지 못하게 만든다면 문제가 된다.

당신이 오늘 아침 이것만은 꼭 하리라며 결심한 일들을 쭉 열거하여 보라. 운동하기, 시장보기, 영화보기, 밥 먹기, 동창회 참석하기. 보라! 우리는 너무 과도한 스케줄을 세워 육체가 정신을 영영 따라오지 못하도록 한다. 우리는 운동을 하면서 영화에 대한 생각을 하고, 영화를 보면서는 내일까지 낼 보고서를 생각하고, 보고서를 쓰면서는 다음 주에 갈 여행 계획을 끼적거린다. 당신의 육체는 정신에게 이렇게 호소한다. "제발, 같이 좀 가자!"

개인적 책임은 '지금' 의 결과를 창출하는 것을 의미한다. 현재 결과를 생산하지 못한다면, 어떻게 당신의 현재 행동에 대해 합리적이고 건전하며 의식적인 선택을 할 수 있겠는가?

과거로부터 배우고 내일의 계획을 세우거나 예상을 하는 것도 중요하다. 그러나 결과는 지금 나와야 한다.

야마 야마

자신의 삶을 한번 되돌아보자. 우리가 마지막으로 '지금' 에 있었던 때는 언제인가? 내 삶을 반추해볼 때, 대부분의 사람들이 마지막으로 제정신을 차리고 있을 때는 바로 어린 시절이었을 것이다. 물론 학교나 집에서가 아니다. 기억하는가?

한 열 살쯤이 좋겠다. 그때로 돌아가보자. 당신은 저녁을 먹고 친구들과 밖에 나왔다. 사위는 벌써 어둑어둑해져, 몇 개의 반딧불이만이 어둠을 밝힌다. 먼 곳에서 어렴풋이 들리는 테니스 치는 소리도 정겹다.

그 때 당신은 어떤 놀이를 했는가? 자전거를 탔는가? 술래잡기를 했는가? 아니면 구슬치기를 했는가? 카우보이 놀이나 인디언 놀이는 어떤가? 어떤 놀이라도 참 재밌던 시절이었다.

당시 우리 마을에서는 딱지치기가 대유행이었다. 우리는 이제 제발 좀 들어오라는 어머니의 애원에도 아랑곳하지 않고, 몇 시간이고 지칠 때까지 놀았다. 그 때의 여름밤을 기억하는가? 이제 나는 중요한 질문을 당신에게 던지려고 한다. 그날 밤은 얼마나 길었는가? 마치 영원처럼 느껴지지 않았던가?

우리 아들이 6월부터 시작하는 여름방학을 처음 맞이한 후 나와 나누었던 대화를 난 아직 기억한다.

아들 : 언제 다시 학교에 가나요?
나　 : 음… 한 6월 말쯤 휴가를 떠날 거고, 다시 노동절 즈음에는 산
　　　타페에서 축제를 즐길 거야. 학교는 그 다음에 가겠지? 어때
　　　신나지 않니?
아들 : 그렇게 길어요? 빨리 학교에 가고 싶어요!

어른이 된 지금, 우리의 여름은 어떤가? 매해 여름마다 되풀이하는 말이 있다. "올 여름휴가는 또 어디서 보내지?" 어린 시절 우리가 보냈던 여름이 무슨 마법이라도 걸렸던 걸까? 그 때는 보너스 타임이라도 있어서 하루가 24시간이 아닌 28시간이라도 됐던 것일까? 언제부터 그 추가 시간을 잃기 시작한 걸까? 언제 우리는 집을 떠났을까? 언제 우리는 가족을 꾸린 걸까? 우리의 책임이 한층 더 무거워진 때는 언제인가? 우리에게는 왜 하루가 24간이 아니라 18시간처럼 느껴지는 걸까? 인생이 왜 이리도 순식간에 스쳐지나가는 걸까?

내가 가지고 있는 물리학에 대한 짧은 지식에 의하면, 우리가 현재 누리고 있는 하루는 어린 시절 우리가 누리던 하루와 다름없는 24시간이다. 이 사실은 절대 변하지 않는다. 그런데 왜 사람들은 끊임없이 예전만큼 시간이 충분하지 못하다고 투덜대는 걸까? 그것은 바로 나이가 들면 들수록 우리가 '지금'에 보내는 시간이 줄어들기 때문이

다. 우리가 '지금'에 충실하지 않는다면, 우리는 상대방에게 우리가 어디를 갔었는지, 무엇을 하는지에 대해 설명할 때 언제나 우물쭈물할 수밖에 없다. 나비를 쫓아다니다 길을 잃고 멍하니 서 있던 어린 시절의 당신처럼.

우리가 나이가 들면서 자주 무의식에 빠지는 이유는 '야마 야마 *yamma yamma*' 라는 것에 시달리기 때문이다. 야마 야마는 정신의 수다꾼이다. 당신의 정신은 항상 미래의 지금을 준비하고 있다. 다음의 지금, 다음의 지금…. 아니면 과거의 지금을 생각하고 있다. 당신은 영원히 실제로 몸담고 있는 '지금'에 만족할 수 없다. 야마 야마는 변화무쌍한 존재다. 때론 달콤하게 당신의 귓가에서 속삭인다. 어쩔 때는 광폭해져 침을 튀기며 고함을 지르기도 한다. 야마 야마는 '무의식'에 빠져 있는 당신을 덮치기 위해 항상 당신을 미행한다.

당신은 몇 시간째 지루한 회의실에 앉아 있다. 다른 사람이 이야기하는 동안 당신의 정신은 '정말 지루하군, 대체 언제 끝나는 거야?, 화장실 가고 싶은데…, 집에 불을 끄고 왔던가?, 퇴근하고 아이 데리러 가는 걸 잊지 말아야지…, 샐리랑 지난주에 연극을 보러 가고 싶었는데….' 등의 생각에 빠진다. 야마 야마는 33rpm짜리 레코드를 78rpm으로 연주하는 것처럼, 나이가 들수록 더 빠르게 활동한다. 잠을 자고 싶어 침대에 누워서도, 우리는 그 망할 것을 쫓아버리지 못한다. 왜냐고? 녀석은 너무 교활하기 때문에.

왜 녀석은 끊임없이 우리에게 조잘거리는가? 왜 녀석은 우리가 현재 순간들을 피하게 만드는가? 우리는 왜 그렇게 자주 녀석에게 우리의 정신을 맡기는 걸까? 답은 간단하다. 그것이 더 편하고 안전하기 때문이다.

사람들은 종종 현재에 살고 있다는 것에 심각한 위협을 느낀다. 그래서 아예 현재를 의식하지 않는다. 뭔가에 쫓기듯 항상 바쁜 직원이지만, 실제로는 아무 성과도 내지 못하는 사람을 알고 있을 것이다. 그들은 항상 "너무 바빠."라고 말하지만, 그럴싸한 결과를 낸 적이 없다. 그들은 110rpm으로 도는 야마 야마를 가지고 있다. 항상 미래의 지금에 있다. 그들은 이루고 싶은 목표들은 너무 많지만, 그래서 항상 바쁘지만, 현재에서는 아무것도 하지 못한다. 그들은 어떤 것을 시작하거나 끝마치기 위해 필요한 시간 동안 '무의식' 상태에 머물고 있다.

우리는 나이가 들면서 점점 '지금'에 만족하지 못한다. 마치 우리 할머니처럼. 우리는 항상 더 나아져야 하고, 끊임없이 성장해야 하기 때문에 결코 만족하지 못한다. 야마 야마는 그런 당신에게 오늘도 찾아가 달콤한 목소리로 이렇게 속삭인다. "참, 내일은….'

어떻게 좀더 현재에 살까

좀더 현재에 사는 법, 좀더 많은 시간 동안 지금을 즐기며 보내는 법, 그리고 단지 바쁜 지금이 아니라 생산적인 시간을 가지는 법을 배우고 싶다면, 야마 야마의 속도를 늦춰라! 당신 삶을 '늦춰라.' 동시에 '지금' 하고 있는 일에 집중하라. 정신을 산란시키는 것들을 제거하라. 그들에게 굴복하기를 거부하라. 가장 행복한 사람은 가장 '지금’에 사는 사람들이라는 점을 잊지 마라.

내일 혹은 몇 달 후의 일까지 ‘지금’ 고민하는 사람들이 있다. 아니면 아주 먼 옛날, 또는 어제 그들이 한 일에 대한 죄책감에 시달리는 사람들도 있다. 그들이 ‘지금’의 삶을 행복하게, 즐겁게, 생산적이게, 활력이 넘치게 살고 있는가? 당신이 오늘 한 일이나, 내일 해야 할 일, 또는 내일 하고 싶은 일이 아니라, 오직 당신이 ‘지금’ 하고 싶은 일에만 집중하는 하루를 보내길 바란다. 매 순간 ‘지금’에 집중하라. 당신이 가질 수 있는 최고의 ‘지금’을 만들어라. 매 시간을 그렇게 하라.

그러고 나서 하루를 마무리할 무렵, 편안한 의자에 앉아 하루를 되돌아보라. 그날이 최근 당신이 보냈던 다른 날들보다 더 길게 느껴졌는가? 매 순간 지금에 집중했기 때문에 효율성이 더 높았다고 생각이 드는가? 과거의 지금 또는 미래의 지금에 얽매이지 않은 채, 지금 하고 싶었던 일을 다 마치고 다음의 지금으로 이동했는가? 하루 날을 잡아서 이런 연습을 해보라.

바바 람 다스*Baba Bam Dass*는 목표란 ‘지금 여기에 존재하는 것’이라고 했다. 당신의 인생에서 최대한의 결과를 내는 유일한 시간은 언제인가? 지금이다.

당신이 삶에서 혼란스러운 것을 말끔히 없앨 수 있는 유일한 때는 언제인가? 지금이다.

당신이 삶에서 겪는 모든 경험은 전적으로 당신의 책임이다. 결혼 생활이 불행하다면, 그 결혼 생활을 지속할 책임이 누구에게 있는가? 혹은 그 관계를 벗어나려고 노력할 책임이 누구에게 있는가? 당신이 싫어하는 일이 있다면 바꾸라. 어떻게 그것을 바꿀 수 있을까? 그것이 당신의 선택이라는 것을 깨달음으로써, 삶에 더욱 충실함으로써 가능하다.

언제 그것들을 바꿀 수 있을까? 지금이다.

당신이 '무의식'에 빠지고 싶다면, 의식적으로 그것에 책임을 지라. 나는 친구와 술을 마시면서 대화를 할 때 갑자기 예쁜 여자가 지나가면, 그 순간 '무의식'이 되곤 한다. 그래서 요즘 나는 그럴 때마다 친구에게 이렇게 말한다. "잠깐만." 그리고 여자가 지나가는 것을 보고 나서 다시 친구에게 말한다. "됐어. 계속해."(사실 친구에겐 좀 미안한 일이지만) 이것이 내가 개발한 '무의식'을 책임지는 방법이다. 또 다른 방법이 있는가? 언제든지 환영한다.

엉뚱하게 대답하기 게임

자신과 다른 사람들을 지금에 있을 수 있게 하는 재미있는 방법을 소개하려 한다. 바로 마인드 게임을 하는 것이다. 약간 모험이라고 생각할 수도 있겠지만, 당신과 주변 사람들이 다시 제정신을 차리는 데 이보다 더 효과적인 방법은 없을 것이다.

복도를 지나가는데 한 동료가 지나가며 "안녕하세요, 잘 지내죠?"라고 인사를 건넨다. 거기에 당신은 "네, 그럼요, 아주 잘 지낸답니다. 고마워요."라고 대답한다. 하지만 당신은 하는 그 대답은 완전히 타이밍을 놓치는 경우가 많다. 그때쯤이면 그 사람은 이미 복도를 다 지난

간 뒤이기 때문이다. 당신이 진정으로 그들의 관심을 끌고 싶다면, 이렇게 한번 해보라. "안녕하지 못합니다. 우리 개가 어제 죽었거든요."

칵테일파티에서 당신이 대화를 나누고 있던 사람이 음식 접시에서 다시 대화로 돌아오도록 하는 한 가지 방법은 표준적인 질문에 비표준적으로 답하는 것이다. 무슨 말이냐고? 예를 살펴보자.

"안녕하세요, 성함이 어떻게 되시죠?"
"리처드 닉슨입니다."
"직업은 뭔가요?"
"해양학자입니다. 피닉스에서 일하지요."

그 대신에 이렇게 말한다.
"저 묻고 싶은 게 있는데요….”
"삽을 드릴까요?"
"그게 무슨 말이에요?"
"아… 네, 얼룩말이요."

상상력을 발휘해라. 썰렁하거나 재치 있거나 둘 중 하나일 것이다. 적어도 당신의 대답은 상대의 주의를 끌고 당신도 현재로 돌아오게 할 것이다. 밑지는 장사는 아니다. 진정으로 위험을 감수할 각오가 되어 있다면, 호텔 복도를 걸어가면서 생면부지의 사람에게 이렇게 말해보라. "안녕하세요, 어떻게 지내세요? 다음에 또 봐요." 그러면 당신은 그 사람이 하루 종일 어디서 당신을 만났었는지 생각하며 보내게 만들 수 있다. 그리고 호텔 프런트의 직원이 별로 기분이 안 좋아보일 때, 완전히 ‘무의식’ 상태에 있을 때, 당신에게 불친절하게 굴 때, 그저 조용히 카운터에 기대서 부드럽게 말해보라. “실례합니다. 거기 누구 안 계세요?”

정신, 육체, 영혼

사람은 멀리까지 생각이 미치지 않으면,
반드시 가까이에 우려가 있다
– 논어(論語)

지구라는 행성에 있는 사람은 모두 죽을병에 걸렸다. 그것은 바로 '인생' 이라는 병이다. 이 행성에서 살아 나간 사람은 아무도 없다. 우디 앨런은 "인생의 90퍼센트는 '존재하기' 로 이루어진다."라는 말을 했다. 대부분의 사람들도 존재하기를 매우 즐겨한다. 많은 사람들은 하루를 충만하게 살거나, 뭔가에 몸을 던지기보다는 그저 존재하는 데에 의의를 두고 있다. 당신에게 남은 시간이 24시간뿐이라면, 당신은 지금 무엇을 하고 있겠는가? 왜 우리는 치열하게 살지 못하는가? 삶의 우선순위를 깨닫기 위해서는 꼭 가족이나 가까운 사람의 죽음이 필요한가?

여기서 당신이 가지고 있는 삶에 대한 가치관은 그리 중요하지 않다. 그리 거창한 문제가 아니라서 그런다. 다만 당신이 이곳에서 시간을 보내는 동안 그저 존재하는 것이 아니라 뭔가 의미 있고 충만한 삶을 살아야 하지 않겠는가? 나는 그러지 못하는 한 가지 이유가 우리가 우리 존재에 대해 혼란스러워 하기 때문이라고 생각한다. 우리는 우리가 지금의 나와 뭔가 다른 존재라고 생각한다. 당신이 누구인지 근본적으로 이해하지 못하고 있다는 말이다.

당신이 누구인지 알고 싶은가? 정답은 매우 간단하다. 당신은 그냥 당신이다. 당신의 관점에서 본다면, 나는 나다. '나는 나다' 라는 것은 '당신의 본질이며 영혼이고 정신이다' 라는 뜻이다. 하지만 이런 생각은 전혀 새로운 것이 아니다. 나는 이 사실을 어떤 신비롭고 고고한 체험을 통해 깨달았다고 말하지 않겠다. '나는 나다' 라는 사실은 고대부터 전해져 왔으며, 때론 인간의 본질을 탐구하던 수많은 선구자들이 벌인 논쟁의 주제이기도 했다. 하지만 유감스럽게도 이를 입증할 근거는 아직 없다.

우리는 앞으로 이 생각을 '구도자' 장에서 보다 자세히 살펴볼 것이다. 그러므로 지금은 의구심을 떨쳐버린 채 이 사실에 대해 그냥 받아들이자. 다시 한 번 강조한다. 당신은 당신이며, 당신은 스스로 존재하고, 당신만이 스스로에 대해 전적인 책임을 질 유일한 사람이다. 즉 당신은 스스로가 인생에서 내린 결정의 산물이다.

여기서 알아야 할 중요한 것은, 당신은 당신의 본질이며 영혼이지만, 당신은 당신의 몸이나 마음이 아니라는 것이다. 사람들은 항상 그 점에서 혼란을 겪는다. 그들은 스스로를 그들의 몸이나 마음으로 생각하고, 그들의 정신이나 신체가 스스로를 운영하게 한다. 그러나 당신의 몸과 정신은 그저 당신의 본질이 원하는 최상의 지금들을 선택하는 데 사용되는 도구일 뿐이다.

음식은 아무 잘못이 없다

사실 난 이 개념을 이해하는 데는 상당한 시간이 걸렸다. 뚱뚱해지기를 취하라. 나는 듣기 좋게 말해 영양 섭취가 잘 된 사람이다. 프라이드치킨을 먹을 때 난 참 즐겁다. 나는 항상 이런 식으로 살아 왔고, 거기에 대해 정확히 누구를 탓해야 하는지 알고 있었다. 그 사람은 바로 우리 엄마다. 엄마는 내가 뚱뚱해지도록 '유발한' 장본인이다.

> 뚱뚱해지는 유전자가 내 몸속에 있다.
> 나는 덩치가 크다.
> 나는 키가 작다.
> 나는 신진대사가 원활하지 않다.
> 나는 갑상선 질환이 있다.
> 나는 엄마를 사랑한다.
> 아프리카에서는 사람들이 굶주리고 있다.

마지막 문장은 귀에 못이 박이도록 듣던 말이다. "아프리카에서는 얼마나 많은 사람들이 굶어 죽는지 아니?" 우리 엄마는 내가 접시 밑으로 브로콜리를 숨기려 할 때마다 이렇게 말씀하시곤 했다. 나는 18년 동안 그 말을 들어 왔다. 나는 내 비만의 원인을 그 알 수 없는 아프리카인들에게 돌렸다. 어느 날 내가 엄마에게 이런 말을 할 때까지는 말이다.

"그런데 엄마, 그 아프리카 사람 이름 두 개만 대보세요."

우리 집에서는 감정과 음식은 긴밀한 관계를 가지고 있었다. 우리는 행복하기 때문에 먹었고, 슬프기 때문에 먹었다. 엄마를 사랑하고 있다는 것을 증명하기 위해 우리는 또 먹었다. 난 장례식 때마다 찾아오는 슬픔의 시간을 기다렸다. 왜냐하면 이웃들이 늘 맛있는 음식을 싸들고 왔기 때문이다. 기름진 육즙에 빠진 그 망할 으깬 감자는 접시에서 바로 튀어나와 내 입속과 위를 쏜살같이 통과했다. 애플파이는 접시에서 기어 나와 내 위장에 거머리처럼 들러붙었다.

음식과 내 비만이 아무 상관이 없다는 것을 깨달은 것은 그로부터 여러 해가 더 지나서였다. 음식은 아무 것도 개의치 않는다. 나는 내가 게을러서 운동을 하지 않았기 때문에, 좋은 포도주와 좋아하는 기름진 음식들을 절제하는 훈련이 되어 있지 않았기 때문에 뚱뚱한 것이었다. 나는 잘 먹기로 선택했고, 그래서 비만이라는 건강의 적신호를 받았다.

앞서 언급했듯이, 변명하기는 우리가 자신의 행동에 대해 신체를 탓할 때 일어났다. 범죄자들은 두뇌 화학물질의 불균형과 유전자 결함 때문에 우리가 잘못된 길에 빠진다고 했고, 새로운 연구에서는 유전자가 수줍음이나 공격성의 원인이 된다는 것을 발견했다. 최근의 한 연구에서는 알코올 중독자가 술에 의존도가 높은 신경계를 타고

났기 때문에 중독이 되는 것이라고 주장했다. 비만에 대해서도 우리
는 우리 몸의 상태를 탓한다.

우리는 몸과 영혼, 우리의 가능성과 본질을 혼동한다. 그러나 그러
면서도 우리는 여전히 알코올 중독이란 것이 극복될 수 있으며, 공격
성이 축소될 수 있고, 수줍음이 완화할 수 있다고 생각한다.

온전한 당신이 돼라

베트남 전쟁에 참전한 많은 군인들이 신체의 일부를 잃는 비극적인
일을 경험했다. 그들 대부분 각 지역에 있는 퇴역군인을 위한 병원에
서 검사를 받으며 하는 일 없이 지낸다. 그들은 자신의 육체 일부가
손상돼서, 삶의 질 저하라는 심각한 피해를 입었다고 굳게 믿고 있다.
그러나 자신이 몸을 지배한다고 믿는 사람들도 있었다. 맥스 클리랜
드*Max Cleland*가 그런 대표적인 인물이다. 베트남 전쟁 시 해병으로
입대할 때 그의 키는 190센티미터였다. 하지만 1967년 그가 다시 미
국 땅을 밟을 때 그의 키는 고작 95센티미터에 불과했다. 수류탄에 두
다리와 한 팔을 잃었기 때문이다. 그러나 클러랜드는 조지아 주에서
두 번이나 상원의원으로 당선되었고, 퇴역군인 협회 참모로서의 역할
도 훌륭히 수행했다. 그뿐 아니라, 1977년 카터 대통령 재임 시절에는
재향군인국장으로 임명됐다. 베트남 퇴역군인이자 장애인으로서는
최초의 일이었다.

나는 스키타기를 좋아한다. 산뜻한 새벽 공기를 가르며 가파른 슬

로프를 활강할 때 나는 무척 행복을 느낀다. 하지만 스키장에서 내가 가장 행복할 때는 '장애를 가진' 사람들이 스키 타는 것을 볼 때다. 그 때에 내가 느끼는 기분은 다른 어떤 것에 비교할 수 없다. 콜로라도에 있는 윈터파크 스키장에는, 오래 전부터 장애인들을 위한 특별 스키 강습 프로그램이 마련되어 있다. 스키를 타는 장애인들 중에는 팔이나 다리가 없는 사람들이 많으며 심지어는 장님도 있다. 그러나 그들은 단순히 스키를 타는 흉내를 내는 것이 아니라 보통 사람 뺨치게 잘 탄다. 그들의 몸이 그들을 지배하는가?

미국에서는 매년 수백만 명의 암 환자가 발생하고 이들 중 절반은 목숨을 잃는다. 암이 이 사람들을 선택했을까? 아니면 그들 스스로 암을 선택했을까? 의사들은 매년 수천 명의 환자에게 "당신의 남은 날은 고작 6개월뿐입니다."라는 선고를 내린다. 그 말을 들은 대부분의 환자들은 일주일 후에 요양소로 들어간다. 그리고 얼마 후 의사의 말은 사실이 된다.

앨라배마 미식축구 팀 코치였던 베어 브라이언트 *Bear Bryant*는 자기가 코치 생활을 그만두면 한 달 안에 죽을 것이라고 입버릇처럼 이야기하곤 했다. 그는 코치를 그만둔 지 18일 만에 죽었다(자살이 아니었다). 그의 아내는 남편 없이는 하루도 살 수 없다는 말을 했고, 얼마 후 남편을 따라 죽었다(사인은 심장마비였다).

하지만 당신은 이런 환자를 본 적이 있는가? "정확한 진단을 내려주셔서 너무 감사합니다. 의사선생님, 하지만 전 아직 죽는 것을 선택하지 않을 겁니다."라고 말하는 환자 말이다. 정확한 통계는 아니지만 그런 사람들은 의사의 예측보다 더 오래 산다. 의사가 오진을 내린 걸까? 아마 아닐 것이다. 환자는 단지 그들의 일부에 대해, 일부가 아닌 100퍼센트 책임을 지기로 선택한 것뿐이다. 그들은 심한 장애를 가지고도 눈부시게 성공적 삶을 사는 많은 사람들처럼, '삶에 대한 강인한 의지'를 말했을 뿐이다.

바이런 재니스*Byron Janis*는 세계적으로 유명한 피아니스트며, 평론가들이 쇼팽의 음악을 세계에서 가장 잘 해석한다고 평가하는 사람이다. 그러나 재니스는 오른손으로 주먹을 쥘 수가 없다. 손목의 동작은 극도로 제한적이고, 손가락의 관절도 대부분 뭉쳐져 있다. 어떤 피아니스트라도 건반에서 떠나게 만든다는 무시무시한 병인 건선 관절염을 앓고 있었기 때문이다. 1984년이 되자 재니스는 모든 연주활동을 중단해야 했다. 3,600만 명에 육박하는 미국인이 건선 관절염을 앓고 있으며, 대부분은 재니스와 같은 상태가 되면 일상생활을 포기하고 고통 속에서 허우적거리게 된다. 그들은 그들의 영혼과 육체를 혼동한다. 하지만 재니스는 그렇지 않았다. 연주를 그만두면서 그는 다시 재기하기 위해 그 동안 복용해 왔던 모든 약과 이별을 고했다. 약을 끊자 재니스는 자신의 감정을 재발견했고 그것을 다루는 힘을 점차 발견하기 시작했다.

그는 훗날 〈퍼레이드〉 지와의 인터뷰에서 이렇게 말했다. "내가 처음으로 극복한 것은 두려움이었습니다. 나는 두려움이란 것이 얼마나 고약한 것인지 깨달았습니다. 녀석은 당신을 정말로 무기력하게 만들 수 있습니다. 나는 이제 두려움이 두려움을 낳는다는 것을 압니다. 돌이킬 수 없는 일이 일어났다고 생각하는 순간, 정말 그것은 현실이 됩니다."

재니스가 스스로에게 끊임없이 말했던 것은, 아직도 살아야 할 날이 너무나 많이 남아 있다는 것이었다. 새로운 열망으로 무장한 재니스는 약 대신에 병을 치료할 다른 방법을 찾았고, 얼마 후 연주활동을 다시 시작할 수 있었다. 연주가 이전보다 훌륭했음은 두말할 나위도 없다. 재니스는 이렇게 말한다. "내 음악은 삶에 대한 내 느낌을 표현하는 겁니다. 나는 여전히 관절염을 앓고 있습니다. 그러난 관절염이 저를 지배하지는 않습니다."

맥스 클러랜드는 베트남에 가기로 선택했고, 그는 스스로 적의 수류탄에 몸을 날리기로 선택했다. 바이런 재니스는 관절염의 고통을 경험하기로 선택했다. 하지만 그들은 자신의 장애나 질병이 자신을 지배하지 못한다는 것을 깨달았다. 두 사람 다 '한계'를 극복하고 다른 사람들보다 더 빛나는 삶을 살게 되었다. 명심하라. 우리 몸은 우리의 앞날을 절대 가로막지 못한다.

병든 사고

병에 걸리는 것은 전적으로 우리의 선택이다. 우리는 감기나 독감을 결정하거나 유발하거나 만들어낸다. 심지어 감기나 독감 시즌도 있다. 마치 동계 훈련에 들어가는 것처럼 말이다. 어떤 사람은 감기에 걸리는 것을 이렇게 연습한다. "제길, 감기가 온 것 같아.", "나는 뭔가에 걸릴 것 같아." 사람들은 저마다 자기가 더 아프다고 경쟁하고 있고, 우리는 이런 경쟁을 수없이 지켜보고 있다.

우리의 이러한 믿음과 기대는 정확히 들어맞곤 한다. "아이들이 지금 학교에서 돌아오고 있어. 애들은 몇 가지 병균을 집으로 가져올 테니, 가족 전체는 곧이어 이 병균들에 감염될 거야. 난 이제 아프게 될 거야. 가족들은 서로의 아픔을 공유해야 하잖아?"

내 처남은 월요일마다 코가 막히는 기분이며, 목에 뭔가 걸린 것 같다고 이야기한다. 화요일까지 병이 가슴에 자리 잡고, 수요일에는 콧구멍이 완전히 막힌다. 목요일에는 적어도 반나절은 쉬어야 하고, 금요일에는 완전히 하루를 쉬어야 할 것 같다고 말한다. 처남은 이 시나리오를 정확히 월요일에 다 짜놓는다. 왜 우리는 스스로를 이렇게 만드는가, 대답하라, 찰리 브라운!

한때 회의적이었던 과학자들과 의학 전문가들조차, 우리의 심리적 태도가 질병 퇴치에 분명한 영향을 미칠 수 있다고 믿기 시작했다. 그런 연관성의 정도, 그리고 그 연관성이 어떻게 만들어지는지에 대해서는 아직 분명히 밝혀진 바 없다. 그러나 그런 연관성이 존재한다는 사실은 오늘날의 과학계에서 거의 정설로 받아들여지고 있다.

1967년 토마스 H. 홈즈*Thomas H. Holmes*와 라헤*R. H. Rahe*는 '사회적 적응지수'를 발표했다. 이 지수는 사람들이 평생 동안 겪게 되는 다양한 경험들이 얼마만큼의 스트레스를 유발하는지 수치화한 것이다. 예를 들어 배우자의 죽음이 가장 큰 스트레스 요인이고 그 다음은 이혼, 별거, 투옥 순이다. 스트레스는 부정적인 사건뿐만 아니라 결혼, 재결합, 바라던 임신 등 긍정적인 사건에서도 유발될 수 있다. 그런 스트레스가 면역 체계에 심대한 영향을 미칠 수 있다고 한다. 예를 들어 한 임상 연구에서는 혈액 속의 질병과 싸우는 림프구의 양이 최근 사별의 아픔을 겪은 남자에게서 실제로 감소했음을 보여주었다.

다른 연구는 심한 우울증이 신체의 면역 체계까지 약화시킨다는 것을 보여주었다. 특정한 감정적 특질이 특정 질병을 유발한다는 증거도 있다. 천식은 거부당한 느낌의 신호일 수 있으며, 두통은 참을 수 없는 상황에서 벗어나고 싶다는 뜻일 수 있다. 질병은 스트레스에 대한 신체의 대처 방식이다. 속도를 늦추고 바람직하지 않는 습관을 고치는 데 심장마비 같이 좋은 것은 없다.

웃음이 최고의 명약이다

감정과 질병 사이에는 밀접한 연관성이 있다. 감정을 긍정적으로 바꿈으로써 건강을 향상시킬 수 있다는 말이다. 당신은 밝고 긍정적인 가치관을 가지고 있는 사람, 자신감이 넘치는 사람, 자신과 다른 사람을 존중하는 사람들이 항상 뭔가에 대해 불평불만인 사람보다 훨씬 더 건강하단 것을 잘 알고 있을 것이다. 실제로 그것을 밝힌 과학자들도 있지만, 과학적 근거는 여기서 생략하기로 한다.

최근의 한 연구에서 암과 싸우려는 의지를 공공연히 표현하는 환자들이 소극적으로 병을 받아들이는 사람들보다 생존율이 더 높다는 사실을 입증했다. 칼*Carl*과 스테파니 사이먼튼*Stephanie Simonton*은 저서 《건강의 회복*Getting Well Again*》에서 바라는 결과를 상상하는 것이 암 환자가 질병을 퇴치하는 것을 돕는 데 얼마나 큰 역할을 하는지 잘 설명했다. 그들은 또 다른 연구에서 질병에 잘 적응한 천식 아동들이 그렇지 않은 아이들보다 천식 발작으로 인해 사망할 가능성이 더 적다는 것도 보여주었다.

〈리더스 다이제스트〉는 '웃음이 최고의 명약' 이라는 월간 섹션을 여러 해 동안 진행했다. 언론인 노먼 커즌즈*Norman Cousins*는 그 섹션을 통해 웃음이 어떻게 그런 효과를 갖는지 상세하게 설명했다. 비타민C를 섭취하고 건강한 정신적 태도를 견지하며 많이 웃음으로써 그는 척추 관절염을 치료할 수 있었다.

운동과 적절한 식이요법, 충분한 휴식은 질병의 발병률을 줄이거나 치료 기간을 줄이는 방법으로 널리 받아들여지고 있다. 이것들은 우리가 하는 '선택' 이 아닌가? 우리는 건강하거나 건강하지 않기로 선택하는 것이 아닌가? 질병을 예방하고 치료하는 의학적 방법들, 가령 예방주사, 건강검진, 수술, 약 같은 것들도 우리가 단지 질병을 정복하기 위한 '선택' 의 결과일 뿐이다.

물론 우리는 질병에 걸렸을 때, 자신에 대해 책임을 지기보다는 보이지 않는 바이러스를 탓한다. 이것은 무척 간편한 일이기도 하다. 〈뉴잉글랜드 의학저널〉의 한 편집인은 '긍정적으로 생각했음에도 불구하고 암이 계속 퍼지면, 그것은 누구의 잘못인가' 라는 내용으로 칼럼을 썼다. 환자들이 이미 병으로 고통 받고 있을 때 '환자에게 그 결과에 대해 책임까지 지우는 부담을 줘서는 안 된다' 고 그는 주장했다. 그러나 결과에 대해 책임을 받아들이는 것은 결코 짐이나 부담이 될 수 없다. 바이런 재니스와 맥스 클러랜드 같은 사람들이 이 편집인과 같은 비관적인 인생관을 받아들였다면, 그렇게 역동적인 삶을 살 수 있었을까?

질병을 막는 데, 혹은 일단 병에 걸렸을 때 병과 싸우는 데 있어, 정신과 영혼은 얼마만큼의 영향을 미칠 수 있을까? 일단 우리 신체가 아니라 '내가' 책임이 있다는 것을 인식하면, 질병을 완전히 뿌리 뽑지 못할 이유가 어디에 있겠는가? 불멸이 불가능한 일인가? 과거 동굴에서 살던 인간의 평균 수명은 19세였다. 오늘날 미국의 평균 수명은 80세를 훌쩍 넘었다. 120년 이상을 산 사람도 있다. 과연 한계란 것이 있기는 한가? 정말로 우리가 발을 들여놓을 수 없는 생물적 시간 한계가 있다고 믿는가?

조금 뒤 '생각의 한계' 장에서 언급하겠지만, 우리의 한계는 스스로 만든 것이며, 사실 우리가 우리 현실을 창조하는 것이다. 질병과 죽음은 단지 우리의 창조물일 뿐이다. 따라서 우리는 질병과 죽음을 창조하지 않을 수도 있다.

Chapter 8

생각의 상태

삶은 진실되다. 삶은 진지한 것이다.
그리고 무덤은 인생의 목표가 아니다.
– 헨리 워즈워드 롱펠로우 *Henry Wadsworth Longfellow*

우리와 우리의 생각은 다르다. 우리의 생각은 우리를 성공으로 이끌어주지 못한다. 우리의 몸과 마찬가지로, 우리는 생각이 우리를 조종하도록 놔둔다. 우리는 자랄 때 가졌던 신념을 그대로 고수한다. 미래를 걱정하고 과거에 대해서는 죄책감을 느낀다.

우리는 습관의 동물이다. '12시네… 점심 먹을 시간이군. 배가 고프냐고? 그렇진 않아. 하지만 점심시간이잖아.' 마찬가지로 피곤하건 그렇지 않건 매일 밤 같은 시간에 잠자리에 드는 사람들이 있다. 식사 때마다 주방의 같은 장소, 같은 의자에 앉는 사람들. 매일 아침 출근할 때마다 같은 길로만 운전하는 사람들. 항상 즐거울 수는 없다고, 1주일에 하룻밤 정도는 행복할 수 있지만 나머지 6일은 고통이라고 생각하는 사람들…. 결국 이 모두는 누구의 탓일까?

모험을 감수하라. 오늘 저녁식탁에서는 다른 의자에 앉아라. 침대에서도 늘 자던 쪽 말고 다른 쪽에서 자라. 식구들이 혼란스러워할지도 모르지만 모두들 변화를 깨닫게 될 것이다. 의식이 지금 여기에 없는 사람은 3가지 경우, 즉 의식이 과거에 있거나, 미래에 있거나, 아니면 잠들어 있는 경우 중 하나다.

미래에 살기

'미래에 사는 사람들'은 걱정이 끊이지 않는 사람이거나 몽상가다. 그런 사람들이 주로 하는 말은 다음과 같다.

언젠가는 행복해질 거야.

15년만 있으면 퇴직이야.

조만간 휴가를 갈 테다.

다음 주 그날까지 어떻게 참는담?

저 사람들처럼 스키를 탈 수 있었으면.

우리 장모님은 늘 걱정을 달고 사신다. 장모님이 가장 좋아하는 TV 채널은 기상채널이다. 기상예보를 보면서 내일의 날씨를 걱정하신다. 내일에 대해 걱정하거나 헛된 공상을 하는 것은 오늘을 완전히 잃어

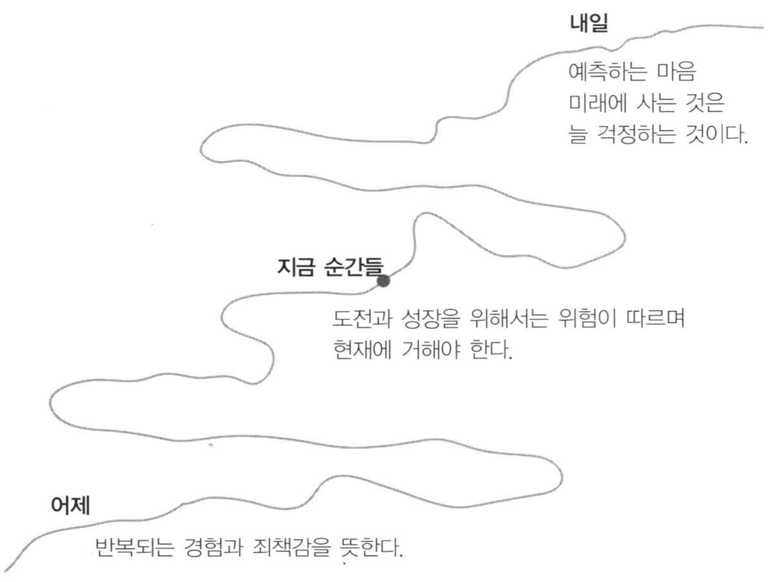

버리는 일임을, 장모님은 깨닫지 못하신다. 사람들은 내일을 걱정하다가 정작 내일이 지금이 되면 역시 그것을 똑같이 걱정하여 결국 같은 걱정을 두 번씩 하곤 한다.

혹시 첫번째 데이트나 신혼여행을 앞두고 왠지 불길한 걱정에 사로잡혔던 때가 있는가? 그런 경험들 대부분이 좋지 않은 결과로 끝났을 가능성이 크다. 우리가 어떠한 일에 대해 지나치게 걱정을 하면, 실제로 그 일은 우리가 걱정하던 재앙 이상의 모습으로 우리에게 다가오곤 한다.

대표적인 경우가 구직 면접이다. 사람들은 자신이 좋지 못한 인상을 줄 거라고 확신한다. 그들은 전날 밤 안절부절못하고, 손톱을 물어뜯으며, 잠도 설치며, 최악의 상황을 가정하고 두려워한다. 자, 그렇다면 그 결과는 어떨까? 그러한 행동과 결과 간에 어떤 인과관계가 있을 것인가? 그러나 너무 염려치 마라. 우리는 다가올 미래에 대해 자주 초조해하곤 하지만, 막상 우리 앞에 닥친 그 미래는 우리가 걱정했던 것만큼 나쁘지는 않다. 그때 잠깐 우리는 이제는 더 이상 걱정하지 않으리라 다짐한다. 다음번까지만 말이다.

한번 생각해보자. 미래란 실상 존재하지 않는다. 우리는 항상 '현재'에 산다. 그러므로 미래를 걱정하는 것은 공연한 시간낭비다. 미래는 또 다른 현재이며 현재들은 바로 지금 이 순간들의 모습을 띨 수밖에 없다. 연구 결과에 의하면 일반적으로 사람은 깨어 있는 시간의 40퍼센트를 공상하는 데 보낸다고 한다. 그러나 꿈꾸고 있는 것을 성취하기 위해 지금 무언가를 하지 않다면 공상은 시간낭비에 불과하다. 내 할아버지는 잔디 깎는 기계를 수리하는 가게를 창업하려는 꿈을 꾸었다. 뉴 햄프셔에 있는 포츠머스 해군조선소(Portsmouth Naval Shipyard)에 근무하셨던 할아버지는 재직 기간의 마지막 15년 동안, 그러한 수리점을 꿈꾸고 또 꿈꾸었다. 마침내 할아버지는 은퇴했지만 두 달 후 돌아가셨다.

과거에 살기

미래에 대해 걱정하며 사는 사람들만큼, 많은 사람들이 '과거'라는 백미러에 자신의 시선을 고정시킨 채 인생이라는 도로를 운전해나가려 애쓴다. 그들의 한탄은 다음과 같다.

한창 잘 나갔을 땐 말이지… 그때 그렇게 했던 게 너무 마음에 걸려… 내가 어렸을 때는… 우린 늘 이런 식으로 했어… 우린 그렇게 바꿀 수 없어… 내가 고등학교 축구팀이었을 때 사진 한 번 보실래요?… 난~해야 했는데… 난~할 수도 있었는데….

미래처럼, 과거도 존재하지 않는다. 당신이 과거라고 생각하는 것이 일어났을 때, 그것은 현재였고 현재는 지금 이 순간에만 존재할 수 있기 때문이다. 어떤 일이 일어나도록 만들 수 있는 것은 오직 현재에서만 가능하기 때문에, 아무리 열심히 애를 써도 '이미 일어난 일'은 절대 바꿀 수 없다.

내 말이 지나친 비약으로 들리는가? 우리 중 많은 이들이 과거에 얽매여 산다는 것은 엄연한 사실이다. 그들은 과거를 바꾸려고 노력한다. 일례로 죄책감이 든다는 건 다 과거를 바꾸려는 마음 때문이 아닌가? 어떤 이들은 '끝없는 고통과 영원한 슬픔'이라는 선생에게 길들여졌다. 그 선생은 우리에게 죄책감을 느끼라고, 죄책감과 두려움은 개인이 성장하는 데 최고의 지름길이라고 가르쳐준다.

가끔 그 선생에게 잘 길들여진 모범생을 만날 수도 있다. 숨통을 조이듯 수많은 죄책감에 눌려 몸부림치는 사람들이 바로 그 모범생들이다. 죄책감에 있어서는 둘째 가라면 서러워할 이들인데, 분명 이 중에도 또 최고의 엘리트가 있다. 바로, 일어나지도 않은 미래에 대해서 죄책감을 느끼는 사람들이다. 그저 그들의 천재성에 감탄만 할 뿐이다. 걱정처럼 죄책감도 소모적인 감정이다. 과거에 대해 느끼는 자책 때문에 오늘을 망친다. 그것은 일종의 무의식 상태로서, 현재에 대해 책임지기를 회피하는 태도다.

나는 나의 지난 현재들에 대해 기꺼이 책임을 질 용의가 있다. 나의 이혼에 대해 나는 책임이 있는가? 그렇다. 100퍼센트 그렇다. 그렇다면 이혼한 것에 대해 나는 죄책감을 느끼는가? 유감인가? 그것은 전혀 그렇지 않다. 내가 선택한 일에 대해 왜 유감스러워해야 한단 말인가? 죄책감과 유감을 떨쳐버리고 책임감을 받아들임으로써 나는 성장하는 것이다. 어제 일어났던 경험으로부터 배운 지식을 받아들인 뒤 그것을 현재에 적용하면 지금 일어나는 일들에 대해 더 많은 책임을 질 수 있게 된다.

지나간 현재들은 더 이상 지금의 현재를 결정짓지 못한다는 사실을, 그저 영향만 끼칠 수 있다는 사실을 우리는 깨달아야만 한다. 만약 당신이 '끝없는 죄책감과 영원한 슬픔' 선생에게 교육받아 끊임없는 걱정과 죄책감에 사로잡혀 사는 학생이라면, 당신에게 제안 하나만 하겠다. 내 제안은 그것들을 체계화하라는 것이다. 무슨 뚱딴지같은 말이냐고? 매일 밤 10시와 11시 사이에만 걱정하고 죄책감을 느껴라. 그것도 매번 1시간 이내로. 시간은 점차 줄여라. 그렇게 함으로써 당신은 걱정과 죄책감에서 점차 자유로워질 것이다.

은상자

어떤 사람들은 작은 은상자를 겨드랑이에 항상 끼고 다니며 자신이 과거에 살고 있다고 광고하고 다닌다. 이 상자 안에 그들은 과거의 특별했던 순간들을 저장한다. 자녀, 지인, 영화, 스포츠 행사, 연인, 외식과 같은 특별한 순간들이다. 그들은 이 은상자를 항상 끼고 다니다가 비슷한 일을 만나면 상자를 열고, 지금 경험하는 일이 과거의 그 일만큼 좋은가를 확인한다. 물론 대부분의 경우, 과거보다 좋지 못하다. 지난 번 여기 왔을 때 서비스가 훨씬 더 좋았다. 다음을 위해 그 경험은 상자 안에 넣어두는 게 좋겠다.

그런 사람들은 지금에 살면서 지금을 더 낫게 만들기 위해 할 수 있는 일들을 하는 대신, 지금을 과거의 지금과 비교한다. 예를 들어 그들은 현재의 관계를 효과적으로 만드는 데 집중하는 대신, 비록 사과와 오렌지를 비교하는 한이 있더라도 지금 관계를 옛날 관계에다 들이댈 것이다. 과거를 놓아주려 하지 않다보니 결과적으로 그들은 지금을 놓친다.

생각의 사다리

생각을 사다리라고 생각해보자. 제일 아래 단은 당신이 태어났을 때다. 이후에 이어지는 각각의 단은 생애의 각 순간을 뜻한다. 어떤 단은 두 살 때 손가락을 차문에 끼였던 때를 나타낸다. 또 다른 단은 깡통을 발로 찼을 때다. 처음으로 수영했을 때, 첫번째로 사귄 이성 친구, 초등학교 입학, 첫번째 키스, 첫번째 자동차의 운전석, 대학 졸업, 군 복무, 이사, 첫번째 직장, 결혼, 가정을 꾸린 후 첫번째 집으로의 이사, 첫째 아이, 이혼, 자신만의 사업…. 이런 식으로 바로 지금을 나타내는 제일 꼭대기 단까지 올라오면, 당신의 몸과 마음과 실체가 똑같이 그 지점에 다다르면, 당신은 의식이 있다는 뜻이다. 그 단 아래로 발을 헛디디면, 당신은 의식이 없는 상태다.

어느 날 아침 나는 클리블랜드로 가는 비행기를 타고 있었는데, 덴버에서 30분가량 떨어진 지점에서 비행기가 급작스레 유턴을 하는 것이었다. 그 때 나는 두려움을 느꼈고, 이는 내가 '무의식'의 상태에 돌입하게 됐다는 것을 의미했다. 과거에 이러한 공포를 느꼈던 순간들을 은상자에서 막 꺼내려는 순간, 옆 좌석의 남자가 내게 무슨 일이냐며 초조한 얼굴로 물었다.

지금 나는 신병 캠프에 있다. M60 기관총의 삼각대가 미친 듯 우리 주위의 모든 지형지물을 향해 불꽃을 뿜어대기 시작할 때, 그래서 총에 맞기 일보직전에 처했을 때, 나는 기억의 강을 거슬러 올라가기 시작했다. 아버지께 선물 받은 차를 술을 마신 채 몰았고, 결국 헤드라이트 하나를 부숴 아버지께 그 사실을 털어놓아야 했던 순간, 내 누이가 죽고 나도 거의 죽기 직전이었던 사고의 순간, 내 친구가 돌로 내 입을 치던 순간을 차례차례 거쳐, 마침내 사다리의 제일 꼭대기로 올라온 나는 여전히 내게 무슨 일인지를 걱정스런 눈빛으로 물어보는 옆 남자의 질문에 "모르겠어요. 나는 내 친구가 돌로 내 입을 치던 순간을 떠올리고 있던 참이었거든요."라는 대답을 한다.

사실 사다리를 오르락내리락하는 그 자체는 별다른 문제가 아니다 (비행기만 직접 몰고 있지 않으면 말이다). 고등학교의 기억을 떠올리는 것은 매우 유쾌한 일일 수 있다. 그렇다고 고등학교 때로 되돌아가서 살면 당신은 오늘을 놓치게 되는 것이다. 물론 기억을 확인하는 것이 지금의 선택을 위한 유용한 지침이 될 수도 있다. 길을 건너기 전에 양쪽을 잘 살펴보라는 부모님의 가르침을 떠올리는 것은 바로 지금 길을 건너는 당신을 목숨을 살릴 수도 있기 때문이다.

하지만 우리가 삶의 중심을 놓치는 일은 경계해야 한다. 무의식적으로 꼭대기 아래로 내려가거나 거기서 사는 것은 매우 위험한 일이다. 과거가 우리를 지배하도록 방치한다면 지금을 즐기며 살 수 없다. 어떤 이들은 그런 삶을 오래된 녹음테이프 혹은 삶의 각본이라고 부른다. '부모님의 테이프' 는 대부분의 우리가 부모님으로부터 받은, 일종의 기억 유산이다. 부모님의 녹화테이프는 부모님이 우리를 훈련시키고 가르쳤던 것과 똑같은 훈계, 말투, 고함, 협박, 제스처들을 녹화한 것이다. 우리는 이 테이프들을 내면화시킨 뒤 낡은 과일 상자에 구식 레코드들을 쌓아두는 것처럼 처박아둔다. 자녀들이 부적절하다고 생각되는 방식으로 행동할 때, 혹은 그들에게 인생에 대해 가르치고 싶은 것이 있을 때, 우리는 적당한 테이프 하나를 골라내 틀어준다.

내가 너만한 나이였을 땐 말이지, 아들아.
칭얼대는 아이하고는 말하지 않을 테다!
엄마한테 말하지 말고, 아빠한테 말하렴.
열여덟 살이 되기 전까지는 데이트는 어림도 없다.
그렇게 하다간 얼굴에 사마귀 생긴다.
세 살이나 됐는데 혼자서 화장실도 못 가다니.

우리는 지금 방송 중인 그 테이프가 적합한 내용인지 아닌지, 우리가 정말 그 내용대로 믿고 있는지 아닌지조차 생각해보지 않는다. 그저 무의식 상태에서 기계적으로 테이프를 재생기에 집어넣는다. 특히 기저귀도 안 뗀 아기들이 목청껏 울거나 벽에 낙서할 때도 말이다. 그러면서도 우리는 아이들이 전혀 반응이 없다고 충격을 받는다.

그 낡은 테이프들을 자꾸 틀어주지 말라. 새로운 테이프를 녹화하라. 삶과 양육에 대한 당신만의 가치들을 진정으로 표현한 테이프를 말이다. 당신의 부모가 당신에게 가르친 것들 중 다수는 지킬 가치가 없는 것일 수도 있다. 일부는 확실히 그렇다. 무가치하거나 시대에 맞지 않은 것들은 과감히 버리고 좋은 것들을 유지시켜라. 최근에 배운 경험들을 통합시켜라.

물론 테이프들은 부모와 자녀에게만 국한된 이야기가 아니다. 부부, 친구, 직장동료 등 모든 관계들이 테이프로 가득 찬 보관소를 갖고 있다. 오랜 세월 결혼생활을 유지하고 있는 부부들을 보라. 그들이 지난 30년간 늘 해온 것과 똑같은 말과 행동을 상대방에게 하는 것을 관찰해본 적이 있는가? 서로를 자극시키는 모습, 즉 귀에 못이 박이도록 들어온 말을 할 때 상대방이 마음의 귀를 닫는 모습을? 그 오랜 세월 동안 용케 유지되어 왔을지는 몰라도(이혼은 죄라고 배웠기 때문에), 그것은 몽유병 상태의 결혼생활이다. 그들 부부는 같은 집에 살고 있지만 실제로 그 집에는 아무도 살고 있지 않다.

이는 마치 주크박스(juke box : 동전을 넣으면 곡이 재생되는 영업용 자동 레코드플레이어 – 옮긴이)와 같다. 선곡 버튼이 있고 작은 레코드판들이 한 줄로 길게 배치되어 있는 주크박스에 당신은 연인과 가곤 했다. 번호를 누르면 곡이 나오기 시작하고 당신은 연인의 손을 맞잡은 채 행복해하고 있다.

상대방에게 다가가 그의 개인 주크박스에서 번호 하나를 선택하라. 그 사람에 대해 잘 알고 있다면, 당신은 어느 버튼을 눌러야 할지 정확하게 알 것이다. B17을 누른다…테드, 좀 살 쪄 보이네요. G39…당신, 온 집안 구석구석에 옷 벗어놓는 일 그만두면 애들도 자기 옷은 정리하려 할 거예요. P12…당신 내 말 전혀 듣지 않는군요. 그 사람에 대해 잘 모른다면 적당한 노래를 발견할 때까지 마구 버튼들을 눌러보기 시작하면 된다. 그러면 마침내… 상대방이 참아낼 수 없는 노래 하나가 연주되기 시작할 것이다.

신념체계

배(ship) 양쪽에 다닥다닥 붙어 있는 조개들처럼, 기억의 사다리에 딱 붙어 있는 것이 바로 우리의 신념체계(belief system)다. 그것들은 우리가 '참'이라고 믿거나 기대하고 있는 것들이다. 우리는 가족, 친구, 성직자, 교사, 영웅, 작가, 사회 등으로부터, 혹은 개인적인 경험들을 통해 이 신념체계들을 배우게 된다. 흔히 발견되는 신념체계들은 다음과 같은 것들이 있다.

돈은 모든 악의 근원이다.

여자가 있어야 할 곳은 가정이다.

절대 권력은 절대적으로 부패한다.

남자의 성(城)은 가정이다.

뚱뚱한 사람은 낙천적이고 마른 사람들은 신경질적이다.

난로는 뜨겁다.

아이들은 눈에 보이는 것에 잘 반응한다.

흑인은 백인보다 지능이 떨어진다.

하느님은 기독교의 하나님이며 남자다… 신은 죽었다.

길을 건너기 전에는 양쪽을 다 살펴라.

강간 피해자들은 자신이 화를 자초한 것이다.

다른 사람들이 우리를 어떻게 생각할 것인가에 대해 걱정해야 한다.

여자는 감정적이지만 남자는 그렇지 않다.

이제 우리는 그러한 신념체계들을 부활시켜 그것들이 우리를 계속 조종하도록 내버려둘지, 아니면 적절성 여부를 살펴본 뒤 폐기할지를 선택할 수 있다. "그래, 이건 좋아.", "아니야, 이건 더 이상 아무 쓸모가 없어." 물론 이런 작업은 쉽지 않다. 대부분의 신념체계들은 우리 뇌리에 깊고 단단히 박혀 있어, 빼내기가 녹록하지 않다. 사람들이 신념체계에 집착하는 이유도 대부분은 이런 이유에서다.

이러한 신념체계들 중 이미 그 효용을 다한 과거의 것들 몇 가지를 살펴보자.

지구는 평평하다.

해는 지구 주위를 돈다.

사람은 날 수 없는 운명을 타고났다.

유니콘은 존재한다.

직장에서 상사로부터 당신이 이번에 새로 전근 온 여사원과 함께 프로젝트를 수행하게 될 거라는 말을 들었다고 가정해보자. 당신 옆에 지금 그 여사원이 있다. 생각이 또 꼬리에 꼬리를 문다.

'흠, 어디보자. 정장을 차려입었네. 꽤 프로페셔널하게 보이는 걸. 아버지와 기타 사회 구성원들이 가르쳐준 신념체계에 따르면 여자가 있을 곳은 회사가 아니라 집인데 말이야. 어떻게 이 직위까지 올라왔을까? 아마 이혼했을 거야. 이 여자는 가정보다는 일을 선택한거군. 만만치 않겠는걸. 호락호락 하지 않다는 것을 보여 줘야겠군.'

지금에 사는 사람들은 과거의 신념체계가 우리를 지배하도록 놔두지 않는다. 지금 경험하는 일이 과거의 어떤 신념을 떠오르게 할 때, 그들은 그것을 평가해본다. 여자와 일하게 된 것은 그 여자가 남자만큼 유능하기 때문이다. '여자는 무조건 집에 있어야 한다'는 것은 더 이상 통하지 않는 믿음이라고 당신은 결론 내린다. 그것은 과거에만 통했을 뿐, 세상은 그때와 판이하게 다르다. 과거는 이제 오늘날을 사는 우리의 행동방식을 결정짓지 못한다. 과거는 우리가 삶을 터득하는 데 쓰이는 주교재가 아니라 참고서에 불과하다. 우리는 우리에게 선택권이 있다는 사실을 깨달을 때, 비로소 그런 신념체계들을 올바르게 평가할 수 있다.

무의식 전투기

분노가 당신의 생각을 조종하기 시작할 때, 당신은 이미 '무의식 전투기'에 몸을 실은 채 드넓은 상공으로 돌진하고 있음을 깨닫기 바란다. ‘무의식 전투기’는 남편과 아내, 직장동료, 부모와 자식, 형제자매 등 다양한 인간관계 사이를 헤집고 다닌다. 무의식 전투기가 출현한다는 말은 이미 두 사람 모두 한계를 벗어났다는 것을 의미한다. 그들에게 의식이라는 단어는 더 이상 존재하지 않는다. 과거의 기억들을 되살린 뒤 사다리의 맨 아랫단으로 내려가서, 지금 하고 있는 일에 대한 모든 생각을 멈춘다. 그들은 제일 좋아하는 단 하나에서 멈춰 선다. 무의식 전투기의 목적은 상대방을 쏘아 맞춰 떨어뜨리는 것. 즉 상대방을 나쁜 사람으로 만드는 것이다. 좀 창피한 일이긴 하지만, 여기서 우리 집의 사례를 들어보겠다.

“도로시, 혹시 내 지갑 본 적 있소?”
“당신이 둔 곳에 있겠죠.”
속이 부글부글 끓어오르기 시작한다. 유도 폭탄은 이미 장착되었고 화염방사기도 준비되었다. 나는 무의식 전투기의 조종석에 기어 올라가 자동조종 상태로 변환시킨 뒤 이륙하여 1,000킬로미터 상공으로 돌진한다.
“집이 조금만 더 깨끗해도 물건을 잘 찾을 수 있을 텐데… 이러쿵저러쿵.” 몇 분 후 착륙장을 내려보자, 또 다른 무의식 전투기 하나가 이륙을 준비하고 있었다. 잠시 후 도로시가 공격해 들어온다.
“당신은 엉덩이를 의자에 딱 붙인 채 지갑을 찾는군요. 따따부따.”
“그래, 내가 얼마나 바쁜지 당신도 잘 알잖아. 이럴 때 좀 도와주면 어디가 덧나? 투덜투덜.”
“내가 당신 물건이나 찾아주는 사람이라 생각하세요? 어쩌구저쩌구.”

두 시간이 흐른 뒤, 고함지르고 있는 나에게 아내는 울며 이렇게 말한다. "연애 시절 당신은 단 한 번도 날 근사한 곳에 데리고 간 적이 없어요, 쩨쩨한 사람." 그러면 나는 대꾸한다. "도대체 그게 내가 지갑 잃어버린 거랑 무슨 상관이야?"

이 치열한 공방전을 멈추고 무의식 전투기를 착륙시켜놓기 위해서는, 둘 중 하나가 지금 무슨 일이 일어나고 있는지를 깨달아야만 한다. 둘 중 하나는 자신이 자신의 행동에 100퍼센트 책임 있음을 기억해야 한다. 둘 중 하나는 무의식 전투기를 조종하지 않기로 선택해야 한다. 둘 중 하나는 제정신을 차려야 한다. "잠깐만, 우리 둘 다 제정신이 아닌 것 같아. 20분간 진정하고 생각을 정리한 다음 다시 이야기해봅시다."라고 말이다.

자신이 '무의식 전투기'에 조종사라는 걸 깨닫는 순간, 산책을 하며 정신을 가다듬어라. 심호흡을 해라. 잠시 동안 혼자가 되어 휴식을 취하라. 책을 읽으라. 바느질을 하라. 우표수집품을 정리하라. 당신의 감정을 정신적으로 책임지고 해결해줄 일이면 무엇이든 하라.

안전하기 때문에

급작스런 유턴을 하던 비행기 안에서 내가 그랬듯이, 우리가 생각의 사다리 아래로 내려가는 것은 그러는 편이 현재에 있는 것보다 안전하다고 느끼기 때문이다. 낡은 신념과 기억들이 그토록 강한 호소력을 갖고 있는 것도 다 이런 이유에서다. 그런 유에 사람들은 '당시에는 그 방법이 최고였어, 지금도 그럴 거야' 라고 생각하며 변화를 지극히 경계한다.

오늘의 현실과 맞닥뜨리는 대신 멋진 내일만을 꿈꾸는 사람들이 존재하는 것은 어찌 보면 당연한 일이다. 그 편이 실제로 안전하거나, 적어도 그렇게 생각함으로써 심리적인 위안을 얻기 때문이다. 만약 당신이 오늘 찢어지게 가난한 삶을 살고 있다면, 어찌 내일을 꿈꾸지 않겠는가? 집에는 쥐만 득시글대고 먹을 것이라곤 전혀 없을 때, 당신이 근사한 미래를 소망하지 않고 배길 수 있겠는가?

꿈과 소망은 견실한 목표 밖으로 새어나오는 연기와 같다. 그러나 당신이 꿈속에서, 내일에서만 살고 있으면 그러한 꿈들을 이룰 수 있도록 해주는 지금의 순간들은 알아차릴 수 없게 된다. 기억하라, 당신은 지금 순간에서만 변화를 만들 수 있다는 사실을. 이미 일어났거나 아직 일어나지 않은 것들에 대해서는 지금 그 어떤 변화도 일으킬 수 없다. 늘 깨어 있으라. 당신이 정신을 차리고 있을수록, 생각이 당신을 지배하는 일은 적어질 것이다.

과거를 아름다운 추억, 중요한 생각, 유용한 지식으로 가득한 긍정적인 시간으로 생각하는 것은 극히 바람직하다. 하지만 거기에 살지는 마라. 과거의 정보들을 어느 정도나 활용할 것인지를 선택하려고 노력하라. 미래도 마찬가지다. 계획하고, 예상하고, 목표를 세우기 위해 미래를 그려보는 일은 좋다. 그러나 벌써부터 미래에 살지 마라. 현재에 살아라.

Chapter 9

튜브 청소하기

찾으려는 노력만 하면 우리 안에서 세상의 모든 진리를 깨달을 수 있다.
– 윌리엄 셰익스피어 *William Shakespeare*

《자신이 누구인지 알지 못하게 하는 금기에 대한 책 *The Book On The Taboo Against Knowing Who You Are*》에서 앨런 와츠 *Allan Watts* 는 '우리 각각은 튜브'라는 개념을 제시한다. 우리는 하루 동안 음식과 물로 튜브를 채우고는 화장실에서 그 튜브를 비운다. 우리는 경험들로 튜브를 가득 채우고 타인과의 교류를 통해 그것들 중 다수를 흘려보낸다. 우리네 튜브의 출구와 입구 끝에는 필터가 장착돼 있다. 입구 쪽 필터를 통해 우리는 우리가 선택한 경험과 정보들을 들여보내고 나머지는 걸러낸다. 출구 쪽 필터를 통해서는 우리가 다른 사람들에게 전달하고 싶은 경험과 정보들을 흘려보낸다. 그래서 우리의 튜브와 타인의 튜브는 항상 그 필터들을 통해서 의사소통을 하고 있는 셈이다. 불행하게도 그 필터들은 자주 막히기 때문에 철저한 청소가 필요하다. 뭐 때문에 그럴까? 바로 거짓말 때문이다.

우리네 문화에서 거짓말은 이미 일상화되었다고 해도 과언이 아니다. 사람들은 나이, 성적, 체중, 수입, 지각 이유에 대해 밥 먹듯 거짓말을 한다. 기업들은 유독성 폐기물을 방기한 사실에 대해 거짓말을 한다. 하버드 대학의 의학 연구원들조차도 거짓된 연구결과를 발표한다. 대통령들은 정책 차원에서 거짓말을 한다. 아이젠하워 대통령은 게리 파워스(Gary Powers : 1960년 소련 영공을 침범하다 격추당한 U2기를 몰았던 미국인 - 옮긴이) 격추 사건에 대해, 케네디 대통령은 쿠바 침공에 대해, 존슨 대통령은 톤킨 만(Gulf of Tonkin : 미국이 베트남전에 본격적으로 연루하게 된 시발장소 - 옮긴이)에 대해, 닉슨 대통령은 워터게이트 사건에 대해 거짓말을 했다. 광고회사들은 진실을 언제쯤 이야기 했는지 기억하지도 못한다. 한 조사결과에 따르면, 타인의 감정을 상하지 않게 하기 위해 하는 거짓말은 괜찮다고 생각하는 사람들이 무려 60퍼센트 이상이 넘는다고 한다. 하지만 이것도 별로 놀랄 일은 아니다.

거짓말을 함으로써 우리는 충만한 삶, 즉 생생하게 깨어 있고, 앞날을 예상할 수 있고, 정열적이고, 원하는 선택을 하며 살 수 있는 삶을 살지 못한다. 누군가에게 거짓말을 할 때 당신은 솔직히 어떤 느낌이 드는가? 걱정스러웠나? 죄책감이 들었나? 아니면 불안했나?

불안하고 죄책감을 느낀다는 것은 우리가 현재에 살고 있지 않다는 것을 의미한다. 다른 사람과 상대할 때 과거나 미래에 대해 생각하고 있다면, 우리는 제정신을 차리고 있는 것이 아니다. 우리가 거짓말을 밀어내려 애를 쓰면 쓸수록 그것은 계속 되돌아오려 한다. 따라서 만약 당신이 자신의 인생에 대해 100퍼센트 효과적으로 책임지기를 원한다면 항상 진실해야 한다.

사람들은 과거나 미래에 살기 때문에 거짓말을 한다. 그들은 스스로 책임지기를 원하지 않는다. 만약 내가 스스로에게 내가 살찐 이유에 대해 거짓말한다면, 나는 살찐 것에 대한 책임은 다른 누구도 아닌 나에게 있다는 사실과 직면할 필요가 없는 것이다. 내 책임을 인정한다는 것은 뭔가 조치를 취하게 될 것임을 의미한다.

나태함에 대한 거짓말

두 종류의 거짓말이 우리 튜브를 막고 있다. 그 중 하나가 바로 나태함에 대한 거짓말이다. 이 거짓말은 우리 자신에게 하는 거짓말이다. 자기 자신을 놀리는 행위라고 봐도 무방하다. 오랜 세월 내가 가장 많이 해온 나태한 거짓말은 바로 나의 비만에 관해서다. 나는 내 비만을 아프리카인, 내 어머니, 큰 골격 탓으로 돌려왔다. 내 튜브는 그것 때문에 막혔다. 나는 내 자신에게 진실을 말해주기 위해 튜브를 청소할 필요가 있었다.

사람들이 "테드, 살 좀 빠진 것 같은데요?"라고 말하면 나는 이렇게 대답했다. "그래요, 노력하는 중이랍니다."

지금은 그런 질문을 받을 때 나는 이렇게 대답한다. "아니오, 살은 빠지지 않았답니다. 하지만 눈여겨 봐주니 고맙군요. 관심 가져주셔서 감사해요."

친목 모임을 통해 만나는 사람들마다 자신은 곧 학위를 따기 위해 학교로 돌아갈 것이라고 말하는 사람이 있다. 말하는 사람도 듣는 사람도 허풍임을 안다. 그 사람은 튜브를 청소해야 할 필요가 있는 것이다.

앞에서 이미 언급한 대로 우리는 모두 자신만의 독특한 사고방식을 가지고 있다. 따라서 매번 결정을 내릴 때마다 우리가 교육받아왔거나 생각하도록 길들여진 방식대로 문제를 처리하곤 한다. 나는 내 인생의 사랑을 찾으러 10년간의 결혼생활을 박차고 나왔다. 내가 여기서 말하고 있는 것은 섹스가 아니라 사랑이다. 내가 의미하는 사랑은 상대방과 함께 나누는 배려, 감정, 유대감, 성장을 의미한다.

나는 내가 사랑해야 될 사람과 내가 사랑할 방식에 대한 신념체계를 가지고 있다. 예를 들어 남자를 사랑해서는 안 된다는 식으로 말이다. 그렇게 하면 인구의 반은 제외된다. 동시에, 내가 사랑할 여자들은 22세에서 45세 사이여야만 했으므로 나는 모든 여자들을 사랑할 순 없었다. 게다가 그 나이대의 여자들 중에서도 풍만한 가슴에 매력적인 외모를 갖추고 나와 비슷한 사회적 배경(돈이 있다면 더 좋겠고)과 지위가 뒷받침되어야만 하는 등, 사랑에 대한 나의 조건은 끝이 없었다. 참, 조건이 하나 더 있었다. 난 여자 쪽에서 먼저 나를 사랑해 주길 원했었다.

이렇듯, 내가 상대를 찾을 수 없었던 것은 당연했다. 나는 스스로에게 거짓말을 하고 있었다. 나는 내 튜브를 깨끗이 청소해야만 했다.

그래서 나는 그때부터 결심했다. 다른 누군가를 사랑하기 전에 먼저 자신을 사랑할 것과 내가 받고 싶은 것을 남에게 베풀 것을 다짐했다. 이것들을 하루하루 실천하면서, 나는 남녀노소를 불문하고 모든 나이 대의 사람들부터 사랑을 받을 수 있을 정도로 변화했다. 나는 87세의 노인과 두 살짜리 여자 아기도 사랑할 수 있게 되었다. 어떤 것을 버리고 어떤 것을 되찾을지를 깨달을 수 있게 되었다.

나는 사람들과의 관계에서, 진실이 가장 중요한 덕목임을 깨닫게 되었다. 튜브를 청소하자. 그럴 때, 비로소 당신은 충만한 삶을 살 수 있다. 끊임없이 튜브를 청소하려고 노력하라. 노력만 한 것은 없다 (혹, 당신은 노력할 수도 노력하지 않을 수도 있다. 제발 노력해야 한다고 걱정만은 하지 마라).

임무에 대한 거짓말

임무에 대한 거짓말은 우리가 다른 사람들에게 하는 거짓말들이다. 이 거짓말은 다른 사람으로부터 자기를 보호할 때, 혹은 그들이 알아서는 안 된다고 생각할 때, 혹은 '그들은 대처할 능력이 없다'고 생각되는 '진실' 들로부터 그들을 보호하기 위할 때 하는 거짓말이다.

금요일 오후 늦게 누군가가 전기요금을 내달라고 당신에게 부탁해 온다. 청구서와 함께 전기 공급중단 통지서까지 발부된 상태다. 당신은 기꺼이 그러겠다고 대답한다. 하지만 당신은 월요일 세탁소에 맡기기 위해 양복 주머니를 비우면서야 다시 그 종이를 발견한다. 아뿔

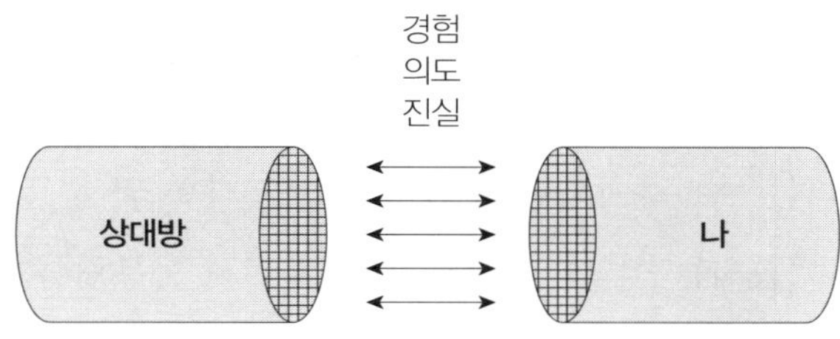

싸! 곧장 은행으로 달려가 전기요금을 내고 사무실로 간다. 하지만 당신은 두렵다. 하루 종일 당신은 그 사람을 피한다. 당신은 일을 망쳤지만 그 사실을 인정하기가 싫다.

당신의 튜브는 막혔다. 일을 해도 능률이 오르지 않는다. 마음은 그 빌어먹을 전기요금 청구서에 대한 생각뿐이다. 이럴 때, 당신이 사태를 수습할, 튜브를 뚫을 수 있는 유일한 방법이 무엇일까? 바로 이렇게 이야기하면 문제는 너무도 간단히 해결된다. "사실, 금요일에 전기요금을 내지 못하고 오늘 아침에 냈어. 다 내가 부주의한 탓이야. 인정할게. 만약 추가 비용이 든다면 내가 다 부담할게."

진실은 문제해결의 유일한 방법이다. 의식적으로 하든 무의식적으로 하든, 거짓말은 스스로에게 부과된 완전한 책임을 거부하려는 시도 중 하나라는 것을 잊어서는 안 된다. 자기 자신 혹은 다른 사람에게 거짓말을 하는 것은 우리의 감정과 행동을 부인하는 것에 다름 아니다.

당신이 세미나에 참석하기 위해 막 집을 떠나고 있다. 당신의 아내는 집에 있다. 세미나는 무척 흥미진진했고, 사람들과의 만남도 유쾌했다. 하지만 당신은 그 분위기에 도취되어, 해서는 안 될 실수를 범하고 말았다. 아내에게 죄책감을 느끼며 당신은 집에 돌아온다. 추카스가 당신을 죄어오고 있다. 튜브는 막힌 상태다. 당신은 마치 아무 일도 없었다는 뻔뻔하게 생활할 수 없다. 그 다음 몇 주 동안도 당신은 자신을 괴롭히는 죄책감에서 벗어나기 위해 몸부림을 친다. 당신의 거짓말 때문에 당신의 '지금'은 재앙이 되어버렸다.

내 세미나에 참석했던 어느 여성이 이렇게 질문한 적이 있다. "선생님, 현재에 살라고 죽 말씀해오셨잖아요. 그렇다면 지나간 그 때 일에 대해 왜 남편에게 털어놓아야 하죠?"

좋은 질문이다. 이에 대한 나의 대답은 이렇다. 어제가 오늘까지 영향을 미치면 진실을 말해야만 한다는 것이다.

당신은 진실을 원하는가?

당신은 늘 진실만을 원하는가? 아니면 그것이 때에 맞고 적합하다고 생각한다면 언제고 거짓말을 해도 된다고 생각하는가? 사람들이 당신에게 걸러진 정보를 주었으면 좋겠는가, 아니면 당신이 진실을 직접 듣고 그 반응 방식을 스스로 결정하는 편이 낫겠는가?

최근 몇 년간, 미국의 대통령들이 거짓말을 해왔다는 사실을 폭로하는 책들이 다수 출판되었다. 그들은 정보기관과 참모들을 통해 거짓된 정보만 들었을 뿐, 문제의 실상에 대해서는 전혀 듣지 않았던 것이다. 대통령의 친구나 측근 중 대통령의 대외 정책에 문제가 있다는 말을 솔직하게 해주고 싶어 하는 사람이 누가 있겠는가?

우리의 사정도 이와 별반 다를 바가 없다. "진실 때문에 나를 괴롭히지 마. 내가 암으로 죽어가고 있다거나 아들이 마약을 하고 있다거나 아내가 바람을 피우고 있다는 사실 따윈 알고 싶지 않아." 이렇게 이야기하고 있지는 않은가?

아무리 진실을 외면한다한들 영원히 귀를 막을 수는 없다. 세세한 사정까지는 모를 수 있겠지만 뭔가 잘못되었다는 것만은 안다. 그리고 마음속 깊은 곳에서는 주위 사람들이 내게 거짓말을 했다는 사실에 화가 치밀어 오른다. 우리가 이렇게 느끼듯, 상대방도 당신의 거짓말에 대해 몹시 불쾌한 감정을 느낄 것이다.

당신은 금요일 오후 4시까지 부장에게 보고서를 제출해야만 한다. 그런데 부장은 그날 2시에 퇴근한다. 잘됐다. 마치지 못한 보고서는 주말 동안 마무리할 수 있을 것이다. 월요일 아침 7시에 부장의 책상에다 올려놓으면 부장은 절대 그 사실을 모를 것이다. 그러나 당신은 안다. 이렇게 하여 당신의 튜브 필터에는 찌꺼기 하나가 더 끼게 된다.

당신이 상사에게 거짓말하니까, 상사도 당신에게 거짓말해도 괜찮은가? "회사의 재정기반이 이보다 더 좋았던 적이 없다네."라고 상사는 말한다. 다음 날 회사는 부도를 맞았다. "자네 일솜씨 끝내주는데." 다음 날 아침 사무실에 도착해보니 당신의 책상이 밖에서 불태워지고 있다. 이러한 상황들을 맞을 때 당신의 반응은 어떨까? 당연히 분노 그 자체다. 하지만 당신도 상사에게 거짓말했으면서, 어떻게 상사가 진실만을 말할 것을 기대하겠는가?

물론 회사와 정부도 항상 거짓말을 입에 달고 산다. 일반적으로 정부가 거짓말을 정당화하는 핑계는 '국가 안보'다. 회사는 아예 변명을 하지 않거나, 한다 해도 "경쟁력 강화를 위해서 어쩔 수 없었다."라는 구차한 구실을 댄다. 거짓말에 변명이란 없다. 내가 받아들일 수 있는 변명은 회사나 정부관리가 "그것은 기밀사항입니다. 나는 그것에 대해 말할 권한이 없습니다."라고 말할 때다. 그것은, 나는 진실을 알고 있지만 지금 당장은 그 정보를 발설할 수 없다거나 발설하지 않겠다는 뜻이다. 그러나 그런 경우는 지극히 드물어야 한다(실제 그런 것보다 훨씬 드물어야 한다). 이보다 훨씬 흔하게 접하는 것이 오직 배후를 가리기에 급급하여 낯빛 하나 변하지 않는 뻔뻔스런 얼굴로 거짓말을 하는 경우다.

우리의 정부 최고책임자와 회사중역들은 어떻게 거짓말하는 법을 배우게 되었을까? 많은 경로가 있었겠지만 가장 주요한 책임은 부모들에게 있는 것 같다. 부모들은 자주 아이들에게 거짓말을 한다. "동물원은 다음 주에 가자꾸나." 이렇게 말하지만 단지 아이를 달래려는 목적이며 실제로 부모들이 동물원에 갈 의향은 조금도 없다. 아니면 부모가 다른 사람에게 거짓말하는 것을 아이들이 엿들을 수도 있다.

지인 하나가 식사에 초대하는 전화를 걸어온다. "이런, 정말 가고 싶긴 한데, 다른 계획이 있어서." 전화를 끊는 당신의 뒤에서 딸이 묻는다. "무슨 계획이요?", "아, 생각할 게 좀 있단다."

하루는 내 아들 스코트와 함께 슈퍼마켓에 갔다. 나는 계산대에 서 있었고 점원은 내 물건들을 계산하고 있었다. "손님, 이거 지금 주소와 전화번호가 맞나요?" 나는 무의식중에 네, 하며 대꾸한다. 스코트는 나를 쳐다보며 말한다. "아니잖아요, 아빠. 우리 막 이사 왔잖아요. 기억 안 나요?" 나는 생각한다. 내 뒤에는 6명이나 계산을 기다리고 있고, 내 계좌에는 돈이 있지만 미리 새 수표들을 많이 준비해놓지는 못했다. 이런 상황에서는 아무 것도 바뀐 게 없는 척하면 된다. 그러나 그렇지 않다. 거짓말하는 것은 안 된다. 그래서 나는 새 수표 하나를 꺼내서 바뀐 사항을 기재한다. 밖에 나온 나는 아들에게 그 사실을 일깨워줘서 고맙다고 말한다. "천만에요, 아빠." (애들은 사랑할 게 못된다!)

선의의 거짓말

사람들은 그렇다면 선의의 거짓말은 어떻게 생각하느냐며 자주 내게 묻곤 한다. 내게 선의의 거짓말을 할 것을 요구하기도 한다. "내 새 옷 어때요, 테드?" 죽은 물고기 싸는 데나 쓰면 딱 좋겠다고 생각한다. 하지만 당연히 말은 이렇게 한다. "멋진데요."

이렇게 말하면 어떨까? "파란 색이 낫겠는데요." 혹은 "그 색깔은 정말 당신한테 안 어울려요." 아니면 "당신이 원하는 스타일이 아닌 것 같은데요."라고 말이다.

아니면 좀 더 흔한 경우로, 직장에서 "안녕, 점심 어때? 전화해."라고 말하며 복도를 지나가는 동료가 있다고 하자. 그럴게, 하며 고개를 끄덕이지만 그 사람과 점심을 같이 먹을 생각은 추호도 없다. 누군가 내게 의견을 구해올 때 보통 내가 하는 말은 "당신이 듣고 싶어 하는 말을 해드릴까요, 정말 내가 느낀 바를 말할까요?”다.

어떻게 진실을 말할까에 대한 문제는 다음 장에서 언급하기로 하겠다. 책임을 지든 지지 않든 진실을 말해야 한다는 사실을 깨닫는 것만으로 여기선 충분하다. 진실을 말하는 방식의 차이는 ‘솔직하게 말하기’와 ‘내뱉기’의 차이다. 내뱉기는 무책임하게 진실을 소통하는 행위다. “그 드레스 형편없는데.”라고 말하는 것이 그러하다. 솔직하게 말하기는 책임을 지고 진실을 소통하는 행위다. “점심 제의 고맙지만 안 먹는 게 낫겠어.”라든가 “그래, 서로 본 지 오래 됐군. 애들은 잘 있나?”라고 말하는 것이다.

진실이 무엇인지를 누가 판단할 수 있는가에 관한 문제라면 간단하다. 당신이 판단한다. 진실은 절대적이지 않다. 진실은 당신의 현실이며 그 현실을 당신이 지각하는 것이다. 당신의 현실에 대해 아는 사람은 당신뿐이다. 스스로에게 하는 거짓말은 알아차릴 수 있는데 이는 대부분의 사람도 마찬가지다.

생각의 한계

당신의 한계들을 옹호하라. 진정 그것들은 당신의 것이다.
– 리처드 바크 *Richard Bach*

익숙한 실험 하나로 이 장을 시작해보자. 다음 페이지에 세 줄로 배열된 9개의 점들이 있다. 잠시 동안 그 점들을 살펴보라. 아마도 9개의 점들이 큰 네모 하나와 작은 네모 4개로 보일 것이다. X로 보이는 사람들도 있을 것이다. 또 어떤 모양이 보이는가? 삼각형, 십자가, 직사각형? 도트 매트릭스 프린터나 전광판… 등등, 당신은 그 9개의 점으로 알파 벳의 모든 글자들을 만들어낼 수 있을 것이다. 점들은 과거에 본 어떤 사물을 연상시킬지도 모른다. 오목판, 할리우드 광장, 체스게임, 주사위, 정사각형, 옛날에 입었던 옷, 넥타이 무늬, 컴퓨터 단말기 화면, 구멍 난 판, 1,000킬로미터 상공에서 본 원형 저수지.

이제 연필을 들어 한 번도 종이에서 떼지 말고 직선 4개로 9개의 점을 다 연결해보자. 지시사항을 다시 한 번 찬찬히 읽어라. 이것을 할 때는 정신을 집중하라. 텔레비전에서 눈을 떼라. 연필을 떼지 말고 4개의 직선을 사용하여 점 9개를 연결하라. 내가 지시한 것이 이것일거라고 짐작되는 대로 하라는 것이 아니다. 내가 지시한 그대로 하라.

다음 내용을 읽기 전에, 169페이지를 펴서 정답을 확인해보라.

당신은 사각형의 범위 안에서만 선 4개를 그으려 하지 않았는가? 나는 당신에게 사각형 범위 안에서 그으라고 지시한 적이 절대로 없다. 그런데도 처음으로 이 실험에 임하는 사람들 대부분은 사각형을 벗어나지 않아야 한다고 지레짐작한다. 대부분의 사람들은 그 사각형이 자신들의 현실이 가지는 한계라고 지레짐작한다. 인간의 생각은 자신의 현실을 정확하게 규정된 상자 안에 한정시키려는 경향을 보인다. 어린시절 우리가 크레용으로 줄을 벗어나지 않게 색칠했을 때 부모님들이 기뻐하던 모습을 기억하는가? 아무것도 지레짐작하지 말라. 그러면 우리는 바보가 된다.

생각의 영역에 한계는 없다. 당신이 무슨 생각을 하든, 무엇을 참이라고 믿든, 당신에게는 참이다. 소년시절 한 친구와 '현실을 받아들인다는 것이 어떤 의미인가'에 대해 토론했던 기억이 난다. 그는 인생을 가장 훌륭하게 사는 것은 현실을 받아들이는 것이라고 믿었다. 물론 여기에 대해 분명히 말할 수 있는 사람은 아무도 없겠지만, 내 친구는 모두가 동의할 수 있는 신성한 현실이 이 세상 어딘가에 분명히 존재한다고 믿었다. 전쟁은 현실이었다. 죽음도 현실이었다. 돈도 현실이었다. 다른 주장을 펼치는 것은 어리석고 무모한 짓이었다. 당신은 시험 준비하듯 현실을 준비했다. 당신은 충분히 똑똑했고, 열심히 공부했으며 옳은 답을 기입했다. 당신은 현실이라는 시험을 통과한 것이다. 다시 말해, 당신은 전투에서 전사하지 않았고, 돈을 벌었으며, 정신병원에 들어가지 않았다.

우리 대부분은 '현실을 받아들이면서' 삶을 살아간다. 우리는 우리가 할 수 있는 일과 할 수 없는 일에 대해 다른 사람 또는 우리 스스로가 하는 말을 듣느라 하루의 상당 시간을 허비한다. 이럴 때 우리는 "그렇게 하지 않습니다.", "그건 엄연한 현실이란다, 아들아.", "그렇게 하면 효과 없을 걸. 너는 할 수 없어. 현실을 직시해." 라고 대꾸한다.

'할 수 없다'는 '하지 않겠다'와 같은 뜻이다

"저는 사람 이름은 잘 기억하지 못하거든요. 이름 외우는 건 골치 아파요." 이런 말을 들을 때마다 나는 사람들에게 이름외우기가 어느 정도나 골치 아픈 문제인지 물어본다. 이 말에 담긴 실제 취지는, 그들은 그 문제를 자신의 현실로 받아들이고 바꾸려 하지 않는다는 것이다. '할 수 없다' 는 '하지 않겠다' 와 같은 뜻이라 보면 된다. 몇몇 세미나에서 나는 참석자들에게 사흘의 시간을 줄 테니 모든 참석자들의 이름을 외우라는 과제를 할당하곤 한다(보통 20~25명 선이다). 마지막 날 나는 몇 사람을 지목하여 모든 사람의 이름을 외워보라고 한다. 실제로 많은 참석자들에게 이 일은 벅찬 도전이다. 이름을 못 외운다는 것이 그들에게 있어 일반적인 '현실' 이다. 하지만 그들은 정신을 바짝 차려 다른 사람들의 이름을 외워야 할 책임이 있기 때문에 대부분은 이 과제를 성공적으로 수행한다.

"나는 사람들이 많이 모인 곳에서는 말을 못한답니다. 목소리도 안 나오고 너무 부끄러워요. 자신감이 부족한 것 같아요.", "저는 아주 당당한 편이죠. 외향적이고 쾌활하답니다. 많은 사람들 앞에서 이야기하는 게 편해요."

이 모든 말들은 화자가 스스로에 대해 가진 믿음을 반영한다. 자신을 수줍은 성격이라고 생각한다면 자신과 다른 사람에게 그 사실을 증명하려 할 것이다. 그들은 현실을 받아들이고 그 현실은 자아성취적인 예언이 된다. 피아니스트 바이런 재니스는 관절염 때문에 훌륭한 음악을 연주할 수 없다는 것은 현실이 아님을 깨달았다. 관절염은 극복해야 할 '한계' 에 불과했다.

요즘 달리기가 선풍적인 인기를 얻고 있다. 생각이라는 땅에서 당신이 달릴 수 있는 거리는 얼마인가? 800미터? 1.5킬로미터? 그것이 바로 많은 사람들과의 경험을 통해 당신이 발견한 한계거리다. 1.5킬로미터를 완주할 때쯤이면 당신은 생수와 지팡이의 독점판매권이라도 사들이고 싶은 심정이 될 것이다. 하지만 생각의 한계는 얼마든지 극복할 수 있다. 매일 몇 미터씩 점차 길이를 늘여서 달려라. 당신이 눈치 채기도 전에 당신은 2킬로미터, 3킬로미터, 4킬로미터를 뛰고 있을 것이다. 즉, 이전의 한계들을 계속 초월해가라. 출발선에서 "난 절대로 42킬로미터는 못 뛰어."라고 말하더라도 결국은 마라톤 선수가 될 수 있다.

트라이애슬론(철인 3종 경기)에 대해 처음 들었을 때 얼마나 많은 선수들이 '현실을 받아들였을' 것 같은가? "뭐, 마라톤 42.195킬로미터, 자전거 180.2킬로미터, 수영 3.9킬로미터를 10시간 안에 완주하라고? 미쳤군요!"

하와이에서 첫번째 트라이애슬론 경기가 열렸을 때 참가한 사람들은 손꼽을 정도였다. 요즘엔 60대 할아버지·할머니는 물론 인슐린을 복용하고 뛰는 당뇨병 환자들까지, 남녀노소를 불문한다. 생각에 한계가 있다고? 무슨 한계 말인가?

한때 현실은 태양 주위를 도는 행성은 9개가 아니라 8개라고 말했다. 하지만 우리는 그 현실을 초월했다. 사람이 조종할 수 없는 현실이 있었던가? 사람은 언제나 현실을 조종할 수 있다. 다만 그것을 믿지 않았을 뿐이다.

나는 사업을 할 수 없어.

나는 절대 승진하지 못할 거야.

내 소설은 절대 팔리지 않을 거야.

나는 절대 그 팀에 뽑히지 못할 거야.

나는 이상형의 여자를 절대 만날 수 없을 거야.

나는 저 절벽은 오를 수 없어.

당신은 '할 수 없는' 것이 아니다. 하지 않기로 한 것이다. 자신만의 현실을 만들어내는 사람은 당신이다.

피그말리온

1964년, 캘리포니아 주 오클랜드에서는 '피그말리온*Pygmalion*'이라 불리는 실험의 일환으로 120명의 중학생들이 흔히 IQ테스트라고 불리는 스탠포드 베넷 지능지수(Stanford Benet Intelligence Quotient)테스트를 받았다. IQ테스트에서 80이하는 학습 지진아, 100 정도면 평균이라 볼 수 있다. 평균 이상은 110~120이고, 우수지능은 120~135이며, 그 이상은 영재로 간주한다.

테스트가 끝난 후 학교 측은 그 학생들을 3학년 학급 중 다섯 교실에 무작위로 배정했다. 각 학생과 그 학생의 담임은 IQ테스트 결과를 통보받았다. 그러나 학생과 교사가 몰랐던 것은, IQ지수 중 오직 반만이 진짜였고 나머지 반은 사물함 번호였다는 사실이다. 첫번째 평가

기간이 끝났을 때, 실제로 높은 IQ지수를 가진 학생들은 높은 점수를 받았다. 실제로 낮은 IQ지수를 가진 학생들은 낮은 점수를 받았다. 마찬가지로, 사물함 번호의 숫자가 큰 학생은 높은 점수를 받았고 숫자가 낮은 학생은 낮은 점수를 받았다.

나는 여기서 IQ테스트의 과학적인 효용성을 따지고자 하는 것이 아니다. 다만 나는 누군가를 '분류' 하는 일이 역으로 그 사람의 행동 방식을 바꿀 수 있다는 것을 말하고 싶다. 예컨대 우리가 어떤 아이를 '지진아' 로 분류할 때 우리는 그 아이를 파멸로 몰아넣을 수 있다는 거다. 우리가 누군가의 미래를 '예상' 하기 위한 목적으로 테스트나 분류를 사용할 때, 그 사람은 물론 주위 사람들도 그 예상을 믿을 때, 그것은 참이 된다. 원인 대신 결과에 의거하여 행동하는 것은 외부 사건과 외부 사람들이 우리의 반응과 행동을 지시하도록 허락하는 것이다. "내 IQ에 의하면 나는 저능아야. IQ가 그렇다고 하면 나는 그런 거야."

과거의 경험들이나 우리 자신에 대한 다른 믿음들은 우리의 미래를 결정짓지 못한다. 그것들은 그저 영향만 줄 뿐이다. 그것들이 우리에게 얼마나 큰 영향을 끼치도록 놔둘 것인가는 풀어야 할 문제다. 당신이 원인 대신 결과에 의거하는 삶을 산다면, 스스로에 대한 책임은 자신에게 있다는 사실을 믿지 않는 사람이라면, 사물함 번호라도 높은 숫자이기를 바란다. 진심이다.

재미삼아 사람이 얼마나 쉽게 생각의 한계를 극복할 수 있는지를 알려주는 실험 하나를 해보자. 이 실험을 위해서는 친구 하나가 필요한데 체격이 비슷한 사람이면 좋겠다. 친구와 마주보고 최대한 팔을 힘껏 벌리되 손바닥은 위로 팔꿈치는 바닥을 향하도록 하고 주먹을 쥔다. 친구로 하여금 한 손으로 당신의 손목을, 다른 손으로는 팔 윗부분의 뒤쪽을 잡게 한 뒤 손목이 어깨에 닿을 때까지 팔을 굽히도록 한다. 이 때 당신은 온 힘을 다해 저항해야 한다. 당신이 유난히 힘이 세거나 친구가 유난히 약한 경우가 아니라면, 친구는 당신의 팔을 큰 무리 없이 구부릴 수 있을 것이다. 역할을 바꿔서 다시 실험해보라. 결과는 비슷할 게다.

이제 쇠막대 하나가 당신의 몸과 팔과 주먹을 지나 무한대로 뻗어 올라간다고 상상하면서 이 실험을 해보라. 일단 그 이미지가 머리에 박히면 친구에게 다시 한 번 팔을 굽혀달라는 신호로 고개를 끄덕이라. 그 이미지를 계속 생각하고 있으라. 몸속의 쇠막대를 느껴보고 그것이 주먹을 뚫고 나가 우주로 뻗어나가는 모습을 생각해보라. 이제 친구는 당신의 팔을 전혀 구부릴 수 없거나, 있다 해도 아까보다 훨씬 많은 힘이 들 것이다. 생각 이외에는 그 어떤 변화도 없이, 당신이 생각했던 팔 힘의 한계를 넘어선 것이다. 당신이 생각하는 당신의 한계에는 또 무엇이 있을까? 깨부숴지기를 기다리고 있는, 당신이 쳐놓은 한계에는 또 무엇이 있을까?

새로운 현실의 창조

인간은 새로운 현실을 끊임없이 창조해가고 있다. 각각의 현재는 새로운 현실이다. 현실을 제한하는 유일한 상황은 우리가 새로운 의

문들을 만들어내는 데 실패할 때다. 우리는 여행해볼 만한 새로운 도로가 났는지, 업무 효율을 향상시킬 새로운 프로그램이 나왔는지, 가족들과 오붓한 식사를 할 수 있는 새로운 장소가 생겼는지 알아보려 하지 않는다. 대신 같은 길을 계속 고집하면서 이전의 순간들을 만들어낼 때와 같은 방식으로 새로운 순간들을 만들어낸다.

기록적인 눈보라가 몰아쳤던 크리스마스 직후 필자가 덴버 비행장에 도착했던 이야기를 기억하는가? 나는 화물 콘베이어 옆에 선 채 사람들이 이렇게 많은데 택시는 없다느니, 눈이 이렇게 쌓였는데 왜 시장은 도로 제설작업을 지시하지 않으며 도대체 내가 낸 세금은 어디로 갔는지 모르겠다느니 하는 불평들을 쉴 새 없이 쏟아내고 있었다. 그 때 내 딸 메건이 끼어들었다. "아빠!"하며 메건은 입을 열었다. "집에 가고 싶으세요?" 왜 딸들은 그런 순간에 아빠한테 그런 바보 같은 질문을 하는 것일까? "그럼 절 따라 오세요." 우리는 짐꾼 하나를 불러서 짐을 실은 뒤, 다시 터미널로 돌아가서 에스컬레이터를 타고 올라가 택시들이 사람들을 내려주고 있는 출입구로 나갔다.

창의적이지 못할 때 우리는 다른 사람에게 책임을 떠넘기거나, 다른 사람의 잘못을 발견하는 데 에너지를 쏟아 붓기 시작한다. 그래서 우리는 네모난 상자 밖에서 생각할 수도, 생각이 가진 그러한 한계를 뛰어 넘을 수도, 현실을 초월할 수도 없게 된다. 내가 지금 겪고 있는 일을 다른 사람들의 잘못으로 돌리려고 애쓰고 있는 동안, 내 딸은 여기 말고 어디서 택시를 탈 수 있는지를 스스로에게 묻고 있었다.

예상

예상이 배제된 현실이란 무엇인가? 우리는 어떤 일들이 일어나기를 짐작하거나 예측하는데 대부분의 경우는 그 예측들은 현실이 된다. 실제로 우리는 우리가 끝낼 작정인 지점까지 가서야 그러한 예상에 '대처' 하는 법을 배운다. 우리가 의사들에게 갖는 예상은 어떤 것이 있는가? 만약 우리가 병원 예약시간을 3시로 해두었다면, 4시 전까지는 의사를 볼 수 없을 것이다("선생님은 오늘 급한 볼일이 있습니다"). 삶에 '대처' 하는 법을 우리에게 알려주는 잡지 기사들은 그러한 상황에 스트레스 받지 않는 법도 알려준다(각오하고 가라, 재미있는 책이나 뜨개질감을 갖고 가라, 평정을 유지하라). 우리는 그런 상황에서 느끼는 모욕감을 삶이라는 게임에서 느끼는 벌칙쯤으로 대수롭지 않게 받아들인다. 그런데 왜 우리는 의사가 우리를 그런 식으로 대하도록 허용하는 것일까? 액자에 떡 하니 걸어놓은 박사 학위와 으리으리한 진료실이 우리를 그렇게 대접해도 될 이유가 되는 것일까?

우리가 모르는 사실 한 가지는 우선 그런 현실을 만든 책임이 우리에게 있다는 것이다. 우리가 마음만 먹으면 다른 현실을 창조할 수 있다. 의사들이 우리를 대하는 방식에 대해 나는 내 현실을 바꾸기로 결정했다. 나는 몇 명의 의사들에게 전화를 걸었다. 나는 그들에게 최소한 내가 지불하는 병원비만큼의 진료 서비스를 받고 싶다고 말했다. 가령, 손님이 예약한 시간보다 늦는다든지, 마지막 순간에 예약을 취소하는 따위의 대우는 원하지 않는다는 사실을 말해주었다. 나는 각 의사들에게 다음과 같은 합의사항을 제안했다. 24시간 이내에 예약을 취소하지 않으면 나는 그들에게 병원 방문에 든 비용을 지불한다. 반대로 그들이 나를 약속한 시간에 진찰하지 않으면 그들이 내게 병원 방문 비용을 빚진 셈인데 장부에 기록해놨다가 다음번에 참고할 수 있도록 한다. 나는 7명의 치과의사와 12명의 일반 의사들에게 전화를 했는데 그 중 두 명이 내 제안에 동의했다. 내가 시간에 맞춰 누구의 진료실을 찾았을 것 같은가?

나는 몇 명과 동업하여 1,300만 달러짜리 사무용 빌딩을 지었는데 내 사무실 몇 군데도 거기 있다. 오늘날 빌딩이나 발전소나 고속도로나 제트 전투기 등을 짓거나 만들 때 일반적으로 예상되는 상황은 무엇인가? 제때에 끝나지 않고 원래 계획보다 더 많은 비용이 든다는 점이다. 정부와 기업체들은 아예 초과 비용에 대한 계획을 세운다. 왜 우리는 스스로에게 이런 일을 하고 있는 것일까? 왜 우리는 이를 현실로 받아들이고 있는가?

동업자들과 내가 이 빌딩을 짓기로 결정했을 때 우리는 입찰을 실시했다. 우리는 32명의 신청자들이 참석한 가운데 회의를 열었다. 우리는 그 빌딩에 필요한 공사기간은 얼마이며 언제 끝날 것인지를 알고 싶었다. 신청자들은 예상기간을 제시했다. 그 다음 우리는 그들에게, 만약 빌딩이 제때에 완공되지 못하거나 원래의 예산을 초과한다면 시공자는 우리에게 약속된 기한을 넘길 때마다 매일 15만 달러씩을 지불한다는 조항을 명시할 것을 요구했다. 32명 중 30명이 회의실을 나갔다. 두 명이 남았다. 우리는 한 명을 골랐다. 빌딩은 당초계획보다 한 달이나 빨리 완공되었고 예산도 초과하지 않았다. 우리는 선택권은 우리에게 있다는 사실을 깨달았다. 우리는 우리의 현실을 스스로 만들어나갈 수 있음을 깨달았다. 우리는 그 계약 건이 제 기간에 이행되기를 기대했고, 우리의 기대가 충족되었음을 확인했다.

또 다른 '현실' 하나. 요즘은 지각하는 것이 유행이다. 저녁 모임을 7시에 시작한다고 하면 7시 30분까지는 아무도 없으며, 8시가 지나서야 모습을 나타내는 사람들도 있다. 그렇다보니 우리는 사람들이 늦을 거라고 예상한다. 내게는 저녁모임마다 항상 늦는 친구가 하나 있다. 내가 초청하면 그는, "좋아, 몇 시지?" 하고 말한다. 그러면 나는 7시라고 말해주고 그는 또다시 "좋아." 한다. 그리고는 매번 늦게 온다. 당연히 그는 핑계거리도 있는데, 보통은 아내가 화장하느라 늦었다는 것이다. 그는 제 시간에 오지 못한 책임을 아내에게 돌리고 있었다. 나와 내 아내도 그들이 늦을 때의 핑계를 익히 잘 알고 있었다. 우리와 같은 입장에 처했을 때 대부분의 사람들은 제때 음식을 내오지 못한 사실을 내 친구 탓으로 돌릴 것이다. 늦은 것은 그와 그의 아내기 때문에 그것은 그의 잘못이 맞다. 하지만 시간이 지남에 따라 그것은 당연히 그럴 것으로 예상할 수 있는 일이 되어버린다. '밥과 마서가 토요일 날 저녁 먹으러 온댔지. 참, 7시에 오라고 했으니 8시에 상을 차리면 되겠군.'

하지만 나는 내가 원하지 않는 그런 예상이나 현실은 용납할 수 없다. 나는 새로운 현실을 창조하는 편을 선택한다. 밥의 경우, 저녁식사 초대에 그가 응하면 나는 이렇게 말했다. "아, 그런데 말이야, 우리 바비큐 스테이크 먹을 거라네. 정말 두껍고 육즙 많은 걸로 말이야. 정각 7시에 스테이크를 그릴에 올릴 거야. 자네 고기는 자네가 뒤집어야 하네." 밥과 그의 아내가 몇 시에 도착했을 것 같은가?

다른 예상들

우리는 모두 어떤 식으로든 업자들과 거래한다. 배관공, 자동차 수리공, 부동산 중개업자, 홍보회사, 실내청소업자, 가전기구 수리업자, 식당, 보험판매인 등등. 그들과 거래할 때 당신은 어떤 예상을 하는가? 당신이 바라는 희망을 말하는 것이 아니다. 당신이 무얼 바랄지는 알고 있다. 일을 정확하게, 제 시간에, 처음에 부른 가격대로 하는 것이리라. 하지만 당신이 예상하는 바는 무엇인가? 물론 최악의 상황일 것이다. 지키지 못할 약속을 할지도 모르는 상황일 것이다. 그렇다면 예상과 희망이 일치하는 현실을 직접 만들어보는 것은 어떨까? 절대 불가능하지 않다. 내 이야기를 들어보면 이해가 될 것이다.

나는 세미나에 쓸 소책자 5,000달러 어치가 필요했다. 영업사원은 내게 의례적인 설명을 했다 "좋소, 10월 1일까지 갖다 줄 수 있다면 당신과 계약하겠소.", "물론이죠, 문제없습니다.", "10월 1일까지 갖다 주어야 합니다, 더 늦으면 안돼요.", "그럼요." 하고 그는 재차 큰소리친다. 나는 그것이 내가 느끼는 것과 같은 정도의 책임감에서 나온 말이 아님을 알 수 있었다. 즉 의례적인 대답이라는 것이다.

나는 그 영업사원에게 방금한 약속대로 실천하는 것이 정말 중요한 것인지를 다시 한 번 그에게 주지시켜 줬다. "만약 이 책자들이 10월 1일까지 도착한다면 나는 기꺼이 당신과 계약하겠소.", "전혀 문제없습니다.”라고 그는 계속 장담만 한다. 그 출판사는 멀리 디모인(Des Moines : 아이오와주의 주도 – 옮긴이)에 있는데도 그는 운송 방면에 아무 문제도 예상하지 않고 있었다. “근데 말입니다.” 하고 나는 그에게 말했다. “운송에 문제가 있든 없든 나는 신경 쓰지 않습니다. 디모인까지 직접 운전하고 가서 실어 오셔도 상관 않겠습니다. 다만 10월 1일까지 여기 갖다 주시기만 하면 됩니다. 그래도 하시겠습니까?”, “물론이죠.” 그래도 나는 이 남자가 상황을 완전히 파악하지 못하고 있음을 느낄 수 있었다. 그래서 말했다. “책자들이 늦어질 때마다 하루당 2천 달러씩 결제액에서 감하겠습니다. 그래도 하시겠습니까?” 그제야 그는 정신이 들었다. 그는 양해를 구하며 내 전화를 빌리더니 20분 후에 자리에 돌아와서는 “좋습니다.” 라고 말했다. 그는 이 계약을 수행함에 있어 전력을 기울일 것이 분명했다. 책자는 9월 15일에 도착했다.

물건이 제때 배달되지 않거나 차가 올바르게 수리되지 않거나 음식이 식거나 덜 익은 채 도착할 때 손해 보는 사람은 누구겠는가? 당신을 고객으로 삼으려고 혈안이 된 사람들이 밖에 얼마나 많은지 아는가? 그런데도 우리는 일이 잘못되면 중얼중얼 불평만 늘어놓다가 결국 받아들이고 만다. 왜 그럴까? 우리는 열악한 서비스와 서툰 일처리를 예상하기 때문이다. 이것은 ‘용인한다’ 는 표현이 더 어울릴 듯싶다. 무슨 일을 하든 제대로 마무리하는 사람이 적다는 일반적인 현실을 우리는 받아들이기 때문이다.

슈퍼마켓에 가보라. 당신은 보통 긴 계산대 줄에 서 있기 마련이다.

왜 그렇게 해야 하는가? 나는 그렇게 하지 않는다. 나는 지배인에게 바로 다가가서, "죄송합니다만 여기 말고 다른 데서 계산할 수 없을까요? 지금 제가 몹시 바쁘거든요."라고 말한다. 그러면 그들은 대부분 다른 사람을 보내준다. 만약 그렇지 않은 날은 줄을 서면 된다. 잃을 게 없다는 말이다.

주차는 내가 좋아하는 일 중 하나이다. 보통 사람들은 주차 공간은 찾기 힘들다고 예상한다. 하지만 내가 원하는 장소에는 항상 주차할 곳이 있다는 것이 내 생각이다. 최근에 나는 딸과 함께 남부 캘리포니아에 간 적이 있는데, 거기서 뉴포트 비치에 사는 한 친구의 집에 머물렀다. 나는 연극 '에비타*Evita*'를 보기 위해 친구 존에게 금요일이나 토요일 밤으로 연극을 예약해달라고 부탁했다.

그의 입에서 나온 첫 마디는 "안 될걸."이었다.

"왜?" 나는 물었다.

"주차할 데가 없거든."

뭐라고? 아직 5일이나 남았는데 그는 벌써 거기엔 주차 공간이 없을 거라고 단언해버린 것이다. 그래서 나는 그에게 표만 구해주면 내가 주차할 곳을 찾겠다고 말했다. 그는 분명히 주차할 곳을 찾지 못할 것이기에 내가 그의 차를 운전하겠으며 나는 공간을 찾아낼 것이라고 말했다.

"그게 무슨 소리야?" 그가 물었다.

왜냐하면 나는 늘 주차할 곳을 찾아내기 때문이다. 나는 건물 정면에 주차 공간이 나서 그곳에 주차하는 상황을 늘 예상하곤 한다. 나는 자리를 찾을 수 없다고 미리 단정하는 사람과는 같이 가고 싶지 않다.

우여곡절 끝에 존은 우리를 위해 예약을 해주었고 금요일 밤에 뉴포트 비치를 출발했다. 교통이 복잡한 고속도로는 앞뒤로 차들이 꼼짝도 못하는 상황이라 내 친구는 거보란 듯이 웃고 있었다.

"가만 있어봐, 존." 나는 말했다. "여긴 고속도로잖아, 내가 주차할 곳은 시내야. 여기에 주차하려고 했으면 벌써 찾았을 거야. 하지만 지금은 여기 할 게 아니잖아." 마침내 우리는 고속도로를 벗어나 센추리 플라자 쪽으로 왔지만 공간을 찾지 못했다.

"내가 주차할 자리 찾아 봐, 메건."

"누가 벌써 쓰고 있나 봐요." 딸이 말했다.

우리는 그 블록을 돌다가 극장 근처 골목길 바로 옆에 있는 구역에서 자그마한 여자 하나가 운전해 나오고 있는 것을 발견했다. 지나가는 여자에게 나는 이렇게 외쳤다. "내 자리 잘 쓰셨나요?"

내가 없을 때는 누가 내 주차공간을 쓰건 상관없지만, 그 공간은 내 자리다. 나는 늘 정면 쪽에서 자리를 찾는데 그 이유는 건물 뒤쪽만큼이나 앞쪽도 쉽게 주차공간이 나기 때문이다. 당연히 뉴포트 비치에 사는 내 친구는 인생은 지긋지긋한 일로 가득하다고 생각한다. 그러다가 그냥 죽음을 맞는 것이다.

늘 새로운 의문을 던져라. 당신이 원하는 현실 말고는 아무 것도 받아들이지 말라. 그렇게 하지 않으면 당신은 빨대 하나로 연못물을 빨아 먹으라고 해도 그렇게 할 유일한 사람이 되고 말 것이다.

창의력

낡은 현실과 낡은 경험과 낡은 한계들을 거부하는 태도는 창의력의 기본이다. 창의적인 사람이 되기 위해 필요한 테크닉과 기법들을 여기서 언급하지 않겠다. 그것을 주제로 한 책들은 서점에 즐비했으며, 그 중엔 꽤 좋은 책들도 몇 권 있다. 중요한 것은 자신의 창의성에 대해 먼저 자신이 책임지지 않으면 그 모든 테크닉들도 다 무익하다는 점이다. 창의성은 주도권, 자신감, 직관에서 나온다.

웹스터 사전은 '창조'를 '생기게 하거나 일으키는 것(to cause or occasion)'으로 정의했다. 결과에 의거하여 행동하거나, 진부한 예상을 하거나, 낡은 신념체계를 고집하거나, 몸과 마음이 자신을 지배하도록 방치하는 사람들에게 어떤 일을 창조하라고 요구하는 것은 아무래도 무리다. 다른 사람을 문제 있는 사람으로 만드는 데 힘을 쏟는 이들이 창의력과 상상력이 부족한 것은 어쩌면 당연한 일일지 모른다. 하지만 불행하게도, 그런 사람들이 이 세상의 다수를 차지한다. 그들은 비판만 일삼는 사람들이다. 그들은 자신에게 제한을 두고, 생산적이지 못하며, 평범함을 받아들이고, 삶은 지루하고 따분하다고 생각하는 사람들이다. 그들은 자신의 삶에서 퇴장한 사람들이다.

《탁월함을 찾아서 *In Search of Excellence*》의 공동저자인 토머스 피터스 *Thomas Peters*가 청년 사장 협회(Young Presidents Organization)에서 주관하는 세미나에서 강연을 하고 있었을 때였다. 참석자 중 한 사람이 일어나더니 화를 내며 피터스에게 말했다. "선생님은 거의 이틀 동안 계속 우리가 평범하고 자격 없는 사람이라며 꾸짖고만 있습니다. 이젠 정말 지긋지긋합니다. 사실 우리보다 잘난 사람들은 없거든요." 이 말에 피터스가 한 대답은 이렇다. "훌륭하군요. 방금 하신 말을 사장님이 보시는 보고서에 인쇄해도 되겠습니까?"

자신의 신념체계와 기억과 과거의 경험들을 참고와 정보의 출처 정도로만 사용하는 사람들, 자신의 행동에 책임 있는 이는 자기 자신임을 아는 사람들, 즉 창의적인 사람들은 한마디로 행동하는 사람들이다. 기업체에서 높은 지위에 오르는 사람들, 돈 되는 새로운 사업을 따내는 사람들, 훌륭한 책을 쓰거나 뛰어난 그림을 그리는 사람들, 인류에 큰 공헌을 하는 사람들, 삶을 재미있고 흥미진진하게 만드는 사람들. 이들의 공통점이 무엇일까? 바로 창의적인 사람이라는 것이다.

창의성은 언제나 행동을 수반한다. 예를 들어 문제가 발생 했을 때, 창의성이 있는 사람은 문제에 집중하기보다는 해결책에 집중한다. 하지만 비난만 하는 사람들은 문제에 집중한다. "너는 그렇게 하지 말아야 했어.", "너는 이렇게 해야 했어.", "만약 네가 이 일을 했다면." 그들은 잘못을 뒤집어씌울 대상을 찾느라 바쁘다. 그들은 처음보다 오히려 문제를 더 크게 만들면서 그 일이 일어난 경위와 원인을 따져보느라 시간을 낭비한다. 그들은 자신만의 그러한 신념체계와 지나간 테이프들을 계속 돌리고 또 돌린다.

비난하길 즐겨하는 사람들은 창의성에 대한 이야기만 나오면 당혹해한다. 그들은 (외부적 요인들이 개인의 현실을 결정한다는 자신의 믿음을 강요하면서) 창의성이란 마치 그리스 신화에 나오는 뮤즈 신들이 선택된 몇 사람에게만 나누어준 재능같이 비현실적인 능력이라고 지레 짐작한다. 하지만 행동하는 사람들은 이와 다르다. 그들은 창의력과 상상력은 자신이 만들어낸 결과임을 안다. 그들은 문제 자체보다 그 문제를 해결할 방안에 더 집중한다. 그들은 다음번에는 어떤 식으로 변화를 줄까 고민한다. 그들은 다른 사람에게 잘못을 뒤집어씌우는 일에 골몰하는 대신 자기 자신과 대화한다. 그들은 약점보다 강점에 집중한다. 그들은 문제를 자신이 추구하는 목표로 재정의한다. 행동 하는 사람은 "난 외로워."라는 말 대신 "난 친구가 필요해."라고 말한 다. "어떻게 애들이랑 안 싸울 수 있겠어?" 대신 "애들이랑 잘 지내고 싶어."라고 한다. 바로 이것이 긍정과 부정의 차이다.

내 이웃 하나는 집을 내놓은 지 2년이 넘었지만 아직 팔지 못했다. 그는 늘 미래에 대해 예상하고, 현재에 대해서는 변명했다. 주택시장 이 침체라느니, 이자율이 너무 높다느니, 실직자들이 너무 많다느니, 집 가격대가 좋지 않다느니, 같은 거리에 있는 안쪽 집이 색칠이 낡았 다느니. 그의 한탄은 더 이상 새로울 것도 없다. 집을 팔려고 내놓은 사람들 중에는 내 이웃처럼 비판적인 성향을 가진 사람들이 의외로 많다.

반면에 행동하는 사람의 경우는 어떠한가? 그들은 집 파는 일에 대 한 책임은 오직 자신에게 있다는 사실을 알기에 자신이 가진 상상력 과 창의력을 총동원한다. 시카고 근교에 사는 스텐레이 팍스*Stanleigh Fox*라는 사람의 예를 들어보자. 팍스는 14만 3,000달러의 집을 팔기 로 마음먹었다. 침체된 주택 시장과 높은 이자율, 게다가 일년 중 집이 가장 안 팔린다는 혹한기였다. 팍스는 지역 신문에 4일 동안 광고를 내봤지만 전화를 4통만 받았을 뿐, 집을 직접 보겠다고 찾아온 사람은 한 명도 없었다. 그러나 팍스는 그것을 현실로 받아들이지 않았다. 대신 그들은 새로운 의문을 던져보고 행동에 들어갔다. 눈 때문에 꼼짝도 않고 집안에만 처박혀 있는 시카고 구매자들의 구미를 당기기 위해서는 어떤 창의적인 방법이 필요할까?

그 결과 집 앞마당에는 다음과 같은 팻말이 붙었다.

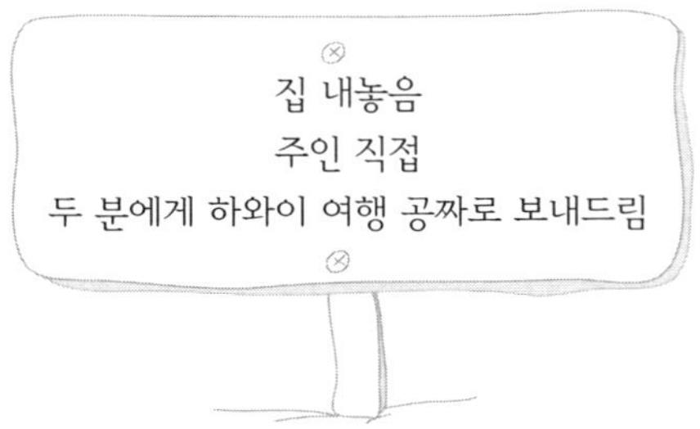

이 광고를 붙여놓은 첫날만 해도 그들은 30건의 문의를 받았다. 연합통신은 이 새로운 판매수법을 기사로 다뤘다. 그들이 집을 파는 데 오랜 시간이 걸리지 않았음은 두말할 나위도 없다.

레이던 코퍼레이션*Raytheon Corporation*의 고위 경영진들이 신문에 기고한 '미래의 가정' 이란 글에서 난 그들의 매우 획기적이며 긍정적인 접근 방식을 엿볼 수 있었다. 나를 가장 놀라게 한 부분은 '세탁기는 물에 적셔서 세탁해야만 하는 기계일 필요는 없다. 그것은 천으로부터 먼지를 분리시키는 기계이므로 물은 전혀 필요하지 않아도 된다.' 였다. 이

것이 바로 새롭고 유용한 물건을 만들기 위해 필요한 사고방식이다. 이러한 사고방식은 낡은 생각을 계속 고집하는 사람이 아니라 새로운 의문들을 품는 사람에게서 나온다는 사실을 여러분은 기억해야 할 것이다.

쇠파이프

점 잇는 실험과 유사한, 생각의 경계를 넓히는 실험을 또 하나 해보자. 다음은 텅 빈 방 콘트리트 바닥에 박힌 쇠파이프를 그린 그림이다. 파이프의 안지름은 파이프 속 밑바닥에 놓인 탁구공의 지름보다 약간 넓다. 다음의 물건들을 가지고 당신 외에 5명의 사람이 함께 이 실험에 임하라. 공, 파이프, 바닥에 아무런 손상을 입히지 않고 공을 파이프 밖으로 뺄 수 있는 방법들을 5분 동안 생각해보라. 5분이 끝나면 169페이지에 실린 해답들을 확인하라. 당신이 집중한 것은 해답이

빨랫줄 300미터
목공소용 망치 한 개
끌 한 개
시리얼 상자 한 개
줄(쇠붙이 가는 연장 - 옮긴이) 한 개
철사로 만든 옷걸이 한 개
멍키렌치 한 개
백열전구 한 개

아니라 문제 자체가 아니었나? 낡은 신념체계들을 떨쳐버리기가 힘들었나? 당신의 신념체계에 의하면 사람들 앞에서 그런 행동은 해선 안 되기 때문에 혹은 혐오감을 불러일으키기 때문에 파이프 속에 오줌을 누어 공을 띄운다는 생각은 할 수 없었던 것이 아닐까? 판에 박힌 방식으로만 해답들을 생각했기 때문에 다양한 관점에서 바라볼 수 없었던 것이 아닐까?

창의성은 우리가 늘 가던 길에서 벗어날 때 얻어진다. 그것은 우리가 과거의 경험을 벗어던지고 눈앞에 닥친 지금에만 집중할 때 가능하다. 창의력과 상상력은 스스로에 대한 책임을 받아들이는 태도에서 나오는 것처럼, 스스로에 대해 완전한 책임을 지려면 창의력과 상상력이 요구된다. 우리 대부분은 직장에 지각하는 이유는 교통 체증 때문이라고 생각한다. 창의적인 사고를 하는 사람은 지각과 교통과는 아무 관계가 없다는 것을 안다. 창의력과 상상력은 태도의 문제, 기대의 문제, 새로운 의문들을 품는 문제, 한계 밖으로 나가려는 노력의 문제, 결과 대신 원인에 의거하는 수행의 문제, 새로운 현실을 창조하는 문제, 생각이 가진 한계를 뛰어넘으려는 시도의 문제다. 스스로가 만들어낸 쓰레기와 잉여물들에 파묻혀 죽을 위험이 다분한 이 세상에서 당신이 살아남기 위해서는 생각의 한계를 넓히기 위해 부단히 노력해야 한다. 점점 세계화, 정보화되는 경제 구도 속에서 생각의 한계를 넓히는 일은 절체절명의 과제라고 할 수 있다.

● 점 잇기 문제 해답

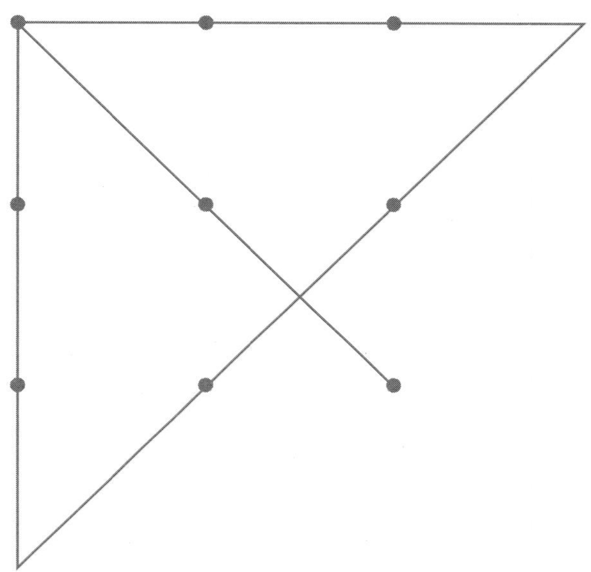

● 쇠파이프 문제 해답의 예

- 망치로 옷걸이를 편편하게 펴서 공 밑으로 박아 넣고 공을 들어올린다.
- 옷걸이 양 끝을 납작하게 굽혀 족집게로 만든다.
- 시리얼 상자 뚜껑의 풀칠된 부분에 물기를 묻혀 공에 붙인다.
- 시리얼을 가루 내어 공 밑으로 채워 넣어 공이 빠져나오게 한다.
- 공을 빨아올린다.
- 파이프 속에다 오줌을 누어 공이 떠오르도록 한다.
- 시리얼 상자 안의 은박지를 둥글게 말아 들이빤다.
- 백열전구를 옷에 대고 비벼 정전기를 일으킨 뒤 전구 꼭대기를 공쪽에 대어 공을 끌어당기게 한다.

구도자

만약 자신이 다른 사람보다 현명하다고 생각하는 사람이 있다면,
그를 바보가 되게 하라, 그러면 그는 현명해질지도 모른다.
– 사도 바울 *St. Paul*

한 때, 구도자 한 사람이 살고 있었다. 그녀는 인생의 의미를 찾아다
녔다. 인생에서 진정 추구해야 할 길이 무엇인가를 알고 싶었기에, 그
녀는 자신이 알고 있는 모든 것을 그 문제와 결부시켜 고민했고, 사소
한 것 하나라도 그냥 지나치는 법이 없었다. 종교단체, 이교단체, 공동
생활체, 마사지요법, 명상, 요가, 온수욕 동호회들 등… 인생의 영원한
진실을 알려준다고 주장하는 것이면 무엇이든 집요하게 물고 늘어지기
시작했다. 록음악을 거꾸로 틀어 사탄의 메시지를 들으면서, 대학에서
동양 철학과 그리스 철학 강의를 들으면서…. 주변에 아무도 듣는 사람
이 없어도 숲 속에서 쓰러지는 나무 한 그루는 소리를 내는 것처럼, 기

숙사에서 밤늦게까지 그녀는 그런 무거운 주제들과 씨름했다.

그녀는 그런 주제들에 대한 자료나 책이라면 닥치는 대로 읽었다. 성경, 코란, 바가바드기타(Bagavad Gita : 힌두교 3개 경전의 하나 – 옮긴이), 토라(torah : 유대교 율법 – 옮긴이), 모르몬 성경, '선(禪)과 오토바이 수리 기술(Zen and the Art of Motorcycle Maintenance : 선의 정신을 서양인에게 소개하는 철학서 – 옮긴이)', '호피서(The Book of the Hopi : 호피족의 예언서 – 옮긴이)' 등…. 그것도 모자라 그녀는 물리학의 최신 발견을 다룬 서적들도 탐독했다. 그녀는 이 지칠 줄 모르는 탐구에 15년의 세월과 수천 달러의 돈을 쏟아 부었다. 마침내 환상이 깨지고 기진맥진한 그녀는 삶의 진정한 진리를 찾아 떠나는 여행을 준비했고, 거기에 마지막 희망을 걸기로 결정했다. 그녀는 자신의 전 재산을 털어 여비를 마련했고, 몇몇 간단한 소지품만 꾸린 채 진리의 마지막 피난처로 향했다. 그곳은 인도였다.

그녀는 인도에는 영적 스승인 교도사(guru)들이 많다는 것을 알고 있었다. 그녀가 찾기 원했던 사람은 그 스승들의 스승, 즉 최고 교도사였다. 진리를 알고, 그 진리를 세상 모든 이들에게 나눠주는 사람이었다. 인도에 도착한 해 그녀가 최고의 교도사를 알아보기 위해 소비한 시간은 그리 길지 않았다. 그가 인도 케이블 방송국의 한 심야 토크쇼에 출연했기 때문이다.

그녀는 기차를 타고 인도 남부의 한 작은 마을로 가서 거기부터 60킬로미터를 차로 이동한 다음, 다시 당나귀로 갈아타고 산등성이를 15킬로미터 가량 올라갔다. 그리고 마지막 1킬로미터는 거의 암벽타기를 하다시피 하여 최고 스승이 거처하고 있다는 암자에 도착했다.

놀랍게도 거기에는 이미 수천 명에 이르는 구도자들이 최고의 교도사를 보기 위해 줄을 서 있었다. 줄은 끝도 없이 길었으며 그녀는 마치 은행대기표처럼 번호표 하나를 받아야했다. 그녀가 부여받은 번호가 불리기까지 그녀는 꼬박 6일을 기다렸다. 대기실에 있던 그녀를 데리고 나간 보조 교도사는 혼돈과 모순을 상징하는 콘크리트 사자상들을 지나 작은 빈 방으로 그녀를 안내했다. 할인점에서 세일하려고 내놓은 식탁에 딸린 식탁보처럼 생긴 천을 두른 대머리 노인 하나가 바닥 중앙에 놓인 방석 위에 요가자세를 한 채 앉아 있었다. 그는 얼굴 가득 미소를 머금고 있었다. '진실을 아는 사람들과 아이들은 잘 웃는 법이겠지' 하고 그녀는 생각했다.

구도자는 조심스럽게 교도사에게 다가가 절하고는 떨며 무릎을 꿇었다. "어떻게 오셨습니까?" 그는 조용하고 근엄한 목소리로 물었다.

"성인이시여, 저는 진실을 찾아 여기 왔습니다. 저는 삶은 늘 왜 그런지, 삶의 원칙은 무엇인지, 왜 우리는 여기 있는지, 내가 아는 것을 어떤 식으로 적용하여 삶을 발전시켜야 할지를 알고 싶습니다. 도와주십시오."

노인은 진지하게 고개를 끄덕였다. "그렇다면 그 해답은 무엇입니까?" 그녀는 간곡하게 물었다. "인생의 진정한 진리는 무엇입니까?"

최고 교도사가 그녀를 보더니 이렇게 말했다. "인생의 진리는, 당신이 알고 싶어 하는 그 유일한 진리는 바로 '당신이 있다' 라는 사실이오."

"뭐라고 하셨지요?"

"인생의 유일한 진리는 '당신은 있다' 라는 사실이라고 말했소."

“내가 뭐라고요?”

“당신, 오직 당신만이 있단 말이오.”

“제가 뭔가를 잘못 이해하고 있나 봐요. 그게 무슨 뜻이지요?”

“유일한 진리는 ‘당신이 존재한다’ 라는 것이오. 당신은 당신이 경험하는 것의 중심이며 인생에는 많은 지금들이 있소. 당신은 완벽하지만, 당신만 그 사실을 모르고 있소.”

“아직 확실히 모르겠습니다. 내가 ‘완벽하다’ 니 무슨 뜻인가요?”

“당신은 유일무이한 존재요. 당신만이 유일한 당신이지요. 당신은 이 지구상에서 완전한 실체라고 할 수 있소. 당신은 다른 모든 것과 같으면서도 다르오. 이상적인 면에서 당신은 완벽하지 않지만 자신의 존재라는 면에서는 완벽하오.”

최고 교도사를 곤혹스러운 눈으로 빤히 쳐다보던 구도자는 가까스로 한 마디 했다. “지금까지 들어본 말 중 가장 이해 안 되는 말이군요.”

최고 교도사는 계속 미소만 지었다. 이빨은 새하얗게 빛나고 있었다. 도대체 하루에 이를 몇 번이나 닦는 건지 구도자는 궁금했다. “그렇다면 다른 사람을 찾아가보시구려.” 그는 인자하게 말했다.

깊이 실망하여 암자를 나온 구도자는 보조 교도사가 알려준 대로 그 다음 산에 있는 암자를 찾아 길을 떠났다. 그 암자는 첫번째 암자만큼 크지 않았으며 보조 교도사도 없었다. 대기하는 줄도 없었다. 암자 밖에는 아래의 문구가 적힌 커다란 네온사인이 깜빡거리고 있었다.

교도사 있음

구도자가 냉큼 들어가보니 안에는 역시 대머리에다 할인점 식탁보

같은 천을 두른 교도사 하나가 앉아 있었다. "어떻게 오셨는지요?" 그가 물었다.

"성인이시여, 저는 진리를 찾고 있는 사람입니다. 왜 삶은 늘 그런지, 삶의 원칙은 무엇인지, 왜 우리는 여기 있는지, 내가 아는 것을 어떤 식으로 적용하여 삶을 발전시켜야 할지 등을 알고 싶습니다."

교도사는 그녀에게 다가오라고 손짓했다. 교도사는 고개를 끄덕이더니 이렇게 말했다. "도와드리지요. 하지만 대가를 치러야 합니다."

진실을 알려면 대가를 치러야 한다고 늘 생각하고 있었던 그녀이기에, 이제야 올 곳을 왔다고 생각했다. 그녀는 다급하게 지갑을 열어 신용카드들을 펼쳐보였다. "마스터? 비자? 아메리칸 익스프레스? 어떤 걸로 할까요?"

교도사는 카드들을 보며 손사래를 쳤다. "아니오, 그런 뜻이 아닙니다. 인생의 참된 진리를 정말 배우고 싶다면 당신은 그걸 노력하여 얻어야 합니다."

망설임도 잠시, 그녀는 곧 그러겠다고 했다. "이제 뭘 해야 하나요?"

"암자로 오는 길에 있던 외양간 보셨소?"

그녀는 외양간을 봤을 뿐 아니라 고약한 냄새도 맡았다.

"거기엔 내 성스런 소들이 있소. 그 외양간으로 가서 소똥을 외양간 밖으로 퍼내시오. 일단 외양간이 깨끗해지면 계속 깨끗하게 유지하시오. 내가 삶의 비밀을 말해줄 때까지 여기서 살면서 외양간을 치우시오."

그녀는 외양간 쪽을 쳐다보고는 다시 교도사를 보았다.

"스승님이 그 비밀을 말해 줄 때까지 얼마나 오랫동안 그렇게 해야 합니까?"

"10년이오."

"10년이나요? 소들하고요?"

그녀는 가당치도 않다는 듯 서슴없이 자리를 박차고 일어났다. 하지만 순간 삶의 비밀을 알 수만 있다면 10년 동안 교도사의 외양간에서 노동해야 하는 희생은 감수할 수 있다는 생각이 섬광처럼 그녀를 스치고 지나갔다. 잠깐 동안을 고민한 그녀는 결국 그곳에 머무르기로 결정을 내렸다. 그래서 그녀는 외양간으로 가서 소똥을 퍼 나르기 시작했다. 한 달 또 한 달, 일 년 또 일 년이 지나 그녀는 눈감고도 그 일을 할 수 있을 정도가 되었다.

마침내 10년간의 수고가 끝나자 그녀는 암자의 교도사에게 갔다. 교도사 앞에 무릎을 꿇은 그녀는 이렇게 말했다. "스승님, 분부하신대로 했습니다. 이제 삶의 진리를 가르쳐주십시오."

교도사는 엄숙하게 고개를 끄덕이고는 외양간 일을 성실하게 마친 것에 대해 칭찬한 뒤 이렇게 말했다. "좋소, 알려주겠소. 삶의 진리는 바로 '당신이 존재한다' 라는 사실이오."

그녀는 멍하게 앉아 있었다. 그리고 비명을 질렀다. "잠깐만요! 그건 10년 전에 다른 교도사가 저에게 해준 것과 똑같은 말이잖아요!"

교도사는 말했다. "좋소. 그렇다면 그 진리를 깨닫기 전에 도대체 얼마나 더 많은 똥을 퍼내야겠소?"

Chapter 12

아티초크 증후군

나는 생각한다. 고로 나는 존재한다.
– 르네 데카르트 *Rene Descartes*

'나는 존재한다' 라는 개념은 증명할 수 있는 진리가 아니다. 철학자들은 그 문제를 가지고 앞으로도 수천 년은 더 머리를 싸맬 것이다. 내가 존재하기 때문에 나는 내가 있음을 안다. 스키 타러 갈 때 내가 넘어지는 유일한 장소는 어디인가? 바로 여기다. 내 몸이 넘어지는 것이다. 오직 나만이 내가 넘어지는 것을 경험한다. 나는 다른 사람이 넘어지는 곳에 넘어지는 것이 아니며, 비록 공감은 해줄지 몰라도 아무도 내가 넘어지는 것을 경험하지는 못한다. 나는 어제 넘어졌거나 내일 넘어질 것이 아니다. 바로 지금 여기에서 넘어지고 있다.

나는 존재한다.

대학원에 재학 중일 때, 나는 '손다이크 *Thorndyke*' 라는 이름의 쥐를 길렀다. 어떤 행동을 가르치고 싶을 때마다 나는, 네번째 터널 제일 끝에 치즈 한 조각을 놓은 미로 속에 손다이크를 집어넣었다. 손다이크는 첫번째, 두번째, 세번째를 지나서 마지막으로 네 번째 터널로 가곤 했다. 얼마 후, 손다이크는 처음 3개의 터널은 지나치고 바로 치즈가 있는 네번째로 직행하게 되었다. 어느 날 나는 치즈를 치웠다. 때가 되자 손다이크는 상황을 파악하고 네번째 터널로 직행하기를 그만두었다. 그것이 쥐와 인간의 차이점이다. 쥐들은 얼마만 지나면 배운다.

이와 달리 인간은 원인 대신 결과에 의해 행동하고, 제정신을 차리고 지금에 머물기를 피하며, 거짓말로 튜브를 막히게 하고, 현실에 한계를 설정하고, 좋지 않은 일에 대해서는 그 어떤 개인적인 책임도 부인하는 행태를 멈추지 않는다. 사실 인간들은 너무나 오랫동안 외양간 이 구석에서 저 구석으로 똥만 치우다 보니 시간이 흐르면서 그 일이 별로 나쁘지 않다고 생각하게 된 셈이다.

왜 우리는 '나는 존재한다' 는 개념을 부정하는가? 내 경험으로 볼 때 우리들이 그렇게 된 이유는 태어나면서 알게 된 다음과 같은 사실을 그대로 좇아가기 때문이다.

"우리는 다른 사람들의 기대에 부응하기 위해 이 땅에 살아간다."

우리는 우리가 참이라고 믿는 것은 중요하지 않다는 사실을 일찌감치 배웠다(끝없는 고통과 영원한 슬픔이라는 이름의 선생을 기억하는가?). 대신 다른 사람들이 우리에 대해 생각하는 것은 중요하다. 예를 들어 다른 사람들 때문에 마음의 상처를 입는 것은 우리가 우리 자신을 존중하는 것 이상으로 그들이 우리에 대해 가진 견해를 소중히 생각하기 때문이다. 우리네 문화의 특징상 이 지구를 살아가는 우리의 전체적인 목적은 다른 사람으로부터 인정받기 위해서다. 우리는 우리 자신이 '존재한다'는 것을 규명하기 위해 타인에게 의지한다. 자신이 최고로 멋있는 존재임을 아는 사람이 드문 것도 당연하다.

상사가 자기에게 멍청하다고 말했기 때문에 자기의 직업이 싫다고 말한 여성이 있었는데, 그녀는 상사가 그렇게 말했기 때문에 실제로 자신은 멍청하다고 생각했다. 나는 그녀에게, 만약 상사가 그녀를 자동차로 생각하고 바닥에 엎드려 고개를 옆으로 숙이게 한 후 가솔린을 귀에 부으려 한다 해도 그렇게 하겠냐고 물어보았다. 그녀는 가당치도 않다는 듯 대답했다. "아니지요, 그건 말도 안 되는 소리잖아요!" 나는 그녀에게, 그렇다면 상사에게서 멍청하다는 말을 들었다는 이유로 자신을 그렇다고 믿을 건 무어냐고 말해주었다.

내가 아는 또 다른 여성의 남편은 걸핏하면 아내를 무시했다. 그녀의 나이는 40줄에 접어들고 있었고, 곧 다가올 미래를 불안하게 여기고 있었다. 하지만 나는 그녀의 외모와 성품을 칭찬했다. 그녀는 스스로에 대해 좋은 감정을 가지게 되었던 것이다. 어느 날 저녁 그녀는 남편에게 나에게 칭찬들은 이야기를 해주었다. 그 남자는 업신여기는 투로 말했다. "당신의 그 마흔 살짜리 엉덩이(ass)에 대해서는 아무도 얘기 안 해줬나보지?" 그녀는 말했다. "아뇨, 당신 이름(ass : '바보'라는 뜻도 있음 – 옮긴이)은 전혀 안 나왔는데요."

우리는 단지 우리 자신의 기대에 부응하며 살기 위해 이 땅에 온 것이다. 그렇다고 타인의 견해나 충고, 혹은 제안을 폄하하거나 무시해야 한다는 말은 아니다. 단지 자신의 기억과 신념체계를 참고만 하지 그것들에 지배당해서는 안 되는 것과 마찬가지로, 우리도 남의 말은 얼마든지 경청할 수 있지만, 거기에 휘둘려서는 안 된다는 말이다.

"그렇게 생각하신다니 감사합니다. 일러주셔서 고마워요."라고 말하는 자세가 필요하다.

어린 나이에 배우는 것들

우리는 어린 나이에 타인에게 인정을 받는 법을 배웠다. 거인들의 땅을 어슬렁거리며 걷던 우리들은 어느 날, 거인들이 생각하기에 우리가 가져서는 안 되는 무언가를 손에 넣고야 말았다. 거인들 중 하나가 다가와 매우 민감하게 말했다. "그건 만지면 안 돼! 도대체 무슨 짓을 하는 거야?" 그러면서 거인은 우리의 손을 찰싹 때린다. 우리는 즉시 거인에게 인정받지 못했다는 사실을 알아차린다. 세 끼 밥과 깨끗한 기저귀 외에 어린 아이로서 우리가 가장 받기 원하는 것은 거인들의 인정이었다. 인정은 항상 사랑과 결부되어 있기 때문에 특히 중요했다. 우리가 뭔가 착한 일을 하면, 그들은 우리를 안고 키스해주면서 우리를 얼마나 사랑하는지 모른다고 말했다. 거인은 우리가 뭔가 '잘못된' 짓을 했을 때는, 나쁜 아이라고 소리쳤다.

점점 자라면서 강화 훈련은 지속되었다. 배변 훈련이 그 좋은 예다. 거인들은 우리에게 배변 훈련을 시킨다고 난리법석을 떤다. 물 위로 엉덩이를 내놓은 채 손은 변기시트를 꽉 잡고 변기에 앉아 있곤 하던 어느 날, 뭔가가 아래쪽 물속으로 풍덩 떨어져 밑이 축축하고 차가워졌는데 거인들은 그 사실을 매우 기뻐한다. 그들은 즉시 이웃사람들에게 이 낭보를 알린다. 변기 주위에 가득 모여든 사람들은 "그렇지, 얘야, 조금만 더 힘 줘!"하며 우리를 격려한다. 떠들썩한 격려와 박수 속에 마침내 우리는 성공적으로 배변을 마친다.

우리가 누군가에게 인정받고자 하는 노력은 학교에서뿐만 아니라, 가정에서도 지속된다. '수'가 '우'보다 낫고, '우'가 '미'보다 좋은 것이 아니던가? 우리가 이 지구상에 사는 한 그렇다. 어느 날 나는 하나만 '우'고 나머지는 다 '수'인 성적표를 집에 갖고 왔다. 자랑스럽게 내민 성적표를 보시던 아버지는 '우'를 가리키시며 이렇게 말씀하셨다. "이 과목은 왜 이 모양이냐?"

부모와 아이 사이의 존재하는 '인정에 대한 압력', 그 미묘한 관계를 알고 싶다면 리틀리그(Little League : 청소년을 대상으로 하는 국제야구경기 – 옮긴이) 경기장에 가보라. 나는 리틀리그 팀을 맡아 지도한 적이 한 번 있었는데 승리에 대한 압력, 특히 아버지들로부터의 압력(대부분은 아이들을 통하여 자신이 이루지 못한 야구선수의 꿈을 이루려는 경우였다)은 이루 말할 수 없을 정도였다.

우리는 자녀들이 특정 목표를 이룰 것을, 특정한 사람이 될 것을 기대하지 않는가? 그들이 대학(본인이 아닌 우리가 원해서 간 대학)을 중퇴하거나 우리가 생각하기에 기대 이하의 변변치 못한 직업에 안착할 때, 그 사실을 부정하려 하지 않는가? 자신이 대학 졸업 학력을 갖고 있다면, 아이들은 적어도 석사 학위 이상은 따야 한다고 믿는 것은 아닌가? 자신이 대학을 가지 못했거나 번듯한 직업을 가지지 못한 경우, 아이들에게는 '좀 더 나은' 뭔가를 기대하고 있지 않은가? 자녀들이 잠재력을 완전히 발휘할 수 있도록 격려하거나 지원하는 일이 잘못되었다는 뜻은 전혀 아니다. 그것은 부모로서의 책임이다. 그러나 그 과정에서 우리는 아이들이 어떤 사람이 되어야 하고 무슨 일을 해야 하는지를 지나치게 간섭하려 한다. 자녀들과 배우자와 생활수준에 대한 현실을 인정하지 않았기 때문에 파경을 맞고 해체된 가정을 나는 많이 봐왔다.

우리는 우리의 자녀들이 독립적이고, 창의적이며, 상상력 풍부하고, 애정이 넘치고 사려 깊게 성장하여 원하는 것은 무엇이든지 할 수 있고, 세계를 손 안에 넣을 수 있게 되길 원한다. 그러다가 자녀가 13세가 되어 우리가 반항기로 규정하는 조짐이 보이기 시작하면 우리의 사고방식을 따르도록 설득한다.

미국 작가 윌리엄 진저*William Zinsser*는 작가가 되기로 결심한 이야기를 다음과 같이 들려준다. 1880년 대 중반 진저의 할아버지는 뉴욕에 니스 공장을 하나 갖고 있었는데 사업이 매우 잘 되었다. 진저의 고조부 때부터 시작된 가업인지라 그 공장은 외아들인 윌리엄이 잇기로 되어 있었다. 그러나 기자가 되기로 결심한 진저는 어느 날 아버지에게 〈뉴욕 헤럴드 트리뷴*New York Herald Tribune*〉 지에 취업했다고 말했다. 그의 아버지는 아무렇지도 않게 그의 결정을 받아들였으며 잘 되기를 기원해주었다. 진저는 그의 책 《글을 잘 쓰는 법 *On Writing Well*》에서 그 일을 이렇게 회상했다. '나는 다른 사람의 기대를 충족해야 하는, 나에게는 맞지 않는 의무로부터 해방되었다. 나는 마음껏 내 의지대로 성공하거나 실패할 수 있었다.' 진저의 아버지처럼 너그러운 부모가 얼마나 될까?

다른 사람에게 인정을 받으려는 분투는 끝이 없다. 부하는 상사로부터, 상사는 경영진으로부터, 정치인은 국민들로부터, 배우자는 상대 배우자로부터 인정받기를 원한다.

그에 대한 극단적인 예도 있다. 어느 해 겨울 나는 마이애미 해변에 있었다. 모든 사람들이 가고 싶어 하는 꿈의 휴양지 말이다. 섭씨 32도에 습도는 90퍼센트인 어느 날, 나는 해변을 거닐다가 체격이 나만 한 매우 통통한 여자 하나가 끈으로만 연결된 비키니를 입은 채 누워 있는 것을 보았다. 누군가가 엔진오일 한 통을 다 부어놓은 것처럼 그녀의 온몸은 기름 범벅이었다. 입술과 코에는 하얀 점액 같은 것을 한 방울씩 넓게 펴 발라놓고 눈에는 플라스틱 컵을 엎어 놓은 모습은 마치 방금 아이스크림 가게에 갔다 온 것 같았다. 그녀는 큰 수건을 깔고 누워 있었는데 몸은 완전 빨갛게 익은 상태였다. 잠에 곯아떨어진 거라고 판단한 나는 그녀에게 다가가 말을 걸었다.

"실례합니다. 안녕하세요."

"네?" 그녀가 대꾸했다.

"괜찮으십니까, 부인?"

"물론 괜찮죠. 근데 왜 그러시죠?"

"그렇게 살을 태우면 굉장히 아프실 텐데요."

“물론 그렇지요.”

“근데 왜 그러고 계신 거죠?”

“저는 피츠버그 *Pittsburgh* 에서 왔거든요.”

“네?”

“피츠버그에서 왔는데 오늘이 휴가 마지막 날이거든요. 내일 집으로 돌아가면 내 친구들이 공항으로 나를 마중 나올 텐데 걔들이 나를 보면 부러워서 미칠 지경이 될 거에요.”

“친구들이 미칠 지경이 되도록 만들기 위해 이 모든 고통을 감수하고 계신 거라고요?”

“바로 그거예요.”

“부인, 정말 친구들을 미치게 만들고 싶으시면 친구들 집 카펫 위에 똥을 누는 건 어때요?”

그 여자는 콧방귀를 뀌더니 몸을 굴려 다른 쪽도 태우기 시작했다.

이러한 인정에의 갈구에 대한 그릇된 믿음을 영속시키는 노래들도 많다.

“사람들… 사람들이 필요한 사람들.”

“당신을 사랑하는 일을 그만 둘 수 없어요.”

“당신은 내 인생의 빛입니다.”

“당신은 나를 여자로 느끼게 해요.”

“당신이 나를 떠난다면 당장 드러누워 죽어 버릴 거예요.”

그렇게 노래해주니 고맙지만, 알다시피 나는 남이 나에 대해 가진 생각이나 기대에 부응하기 위해 이 지구에 있는 것은 아니다. 당신이

나라면 다르게 행동했을 테지만, 내가 결정권을 가진 한 오직 나만이 지금 이 순간 이 장소를 차지할 수 있으며 따라서 나만이 나의 지금을 조종하는 방식을 결정할 수 있다.

당신은 완벽하다

우리는 결국 스스로가 아닌 다른 사람들 덕으로 살아가고 있는 셈이다. 우리는 무익한 존재인 자신에 대해 긍정적인 감정을 가지기 위해서는 다른 사람이 필요하다고 믿는다. 하지만 당신에겐 아무도 필요 없다. 당신은 존재한다. 당신은 완벽하다. 인정받지 못하는 것은 이해할 수 있고 용납할 수 있는 일이다. 반드시 인정받을 필요는 없다. 경험의 주체는 당신이다. 아무도 당신의 경험을 대신하거나 규정짓지는 못한다.

그런데도 사람들은 그렇게 한다. 혹시 아는 사람 중 35세인데 결혼 안 한 여성이 있는가? 그런 여성들은 결혼해서 아이를 낳기 전까지는 친구나 가족으로부터 온전한 사람대접을 받지 못한다. 화려한 경력과 자신만의 집, 함께 사는 애완견과 소일할 취미들이 있어도 그런 점들은 전혀 중요하지 않다. 그러한 미혼 여성들 중 결혼하지 못했다는 이유로 스스로에 대해 부정적인 감정을 갖고 있는 이들이 얼마나 많은지 아는가? 그런 여성들은, 행복하고 바람직하고 온전한 사람이 되기 전에 여자는 결혼부터 해야 한다는 사회의 독단적 통념을 받아들인 것이다. 노처녀라는 말은 듣기에 기분 나쁜 말들 중 하나가 되어버렸다.

그리고 일단 결혼을 하면 애를 낳아야 한다. 그렇지 않으면 인류의 지속적 생존을 위협하는 큰 죄를 짓는 것이다. 지구가 안정적으로 수용할 수 있는 숫자보다 많은 사람들이 살고 있다는 사실에도 불구하고, 이러저러한 이유로 아이를 갖지 않으려는 사람들은 죄인이 된다. 나는 의도적으로 아이를 낳지 않기로 작정한 부부를 알고 있는데 그들은 자기중심적으로 보인다. 사람들은 등 뒤에서, 나이 들어 부양해줄 아이들이 없으면 후회하게 될 것이라고 수군대곤 한다. 다른 사람이 대신 그런 걸 판단해주다니 얼마나 고마운 일인가.

중년 이상 주부들 중 자녀들을 통해 자신의 존재감을 확인받는 사람들이 얼마나 많은지 아는가? 그녀들은 아이들이 다 커서 집을 떠나며 그녀들의 삶은 갑자기 공허해지고, 다른 사람들이 자기를 인정해주지 않는 것에 대해 깊은 실망감에 빠진다. 그녀들은 자신에게 새로운 존재의미를 부여할 손자, 손녀의 출생을 손꼽아 기다린다. 그런 사람들은, 당신에게 어떻게 살아야 한다는 충고는 열을 내며 하지만, 정작 스스로 어떻게 살아야 할지에 대해서는 당신에게 일절 자문해보는 법이 없다.

우리는 다른 사람의 기대에 부응하며 살려고 이 땅에 온 것이 아니다. 우리에겐 다른 사람들은 필요 없다. 하지만 대부분의 우리는 다른 사람들을 원하는 것이 사실이다. 우리는 누군가와 함께 살기를 원한다. 갖게 되길 원한다. 그 속에서 즐거움을 찾는다. 그러나 반려자를 찾거나 아이를 가지고 싶어 하는 우리의 바람은 단지 '바람'에서 머물러야지, 우리의 '필요'가 되어서는 안 된다.

언제부턴가 우리들은 물질로써 자신의 존재감을 확인하게 되었다. 특정한 차를 소유하고, 특정 브랜드의 세탁비누를 사며, 좋은 데서 쇼핑하고, 아이를 일류 대학에 보내고, 비싼 옷을 입고, 고품격 여행지를 다녀오고, 문화행사에 참가해야 괜찮은 사람으로 인정받는다. 많은 것이 적은 것보다 낫다. 우리가 인생이라 부르는 게임의 심판 기준, '성공'을 재는 척도가 바로 돈이다. '100만 달러'는 마술의 힘을 가진 액수다.

그 반대의 주장을 하는 이들도 있다. 그런 사람들은, 많을수록 좋다는 철학이 만족을 가져다주지 않는다고 생각한 나머지 적을수록 좋다는 사고방식을 수용하게 되었다. 이는 공동생활체가 성행했던 1970년 대에 인기를 끈 사조로, 사막의 은둔자들 사이에서는 아직도 널리 찾아볼 수 있다. "내가 필요한건 지프차와 개 한 마리가 다야."라고 주장하는 사람들이 그 맥을 꾸준히 이어가고 있다.

야비한 코끼리

이와 같은 두 가지 방식의 주장을 하는 사람들 모두, 외부 요소나 다른 사람의 눈을 통해 자신의 의미를 규정하는 사람들이다. 그 결과 우리는 '프링글 *Pringle*'의 정신 상태를 가진 사람들이 되었다. 프링글은 길쭉한 깡통에 든 포테이토칩이다. 깡통 하나를 따서 탁자 위에 내용물들을 부어보면 과자 조각 하나하나가 전부다 똑같이 생겼음을 알 수 있을 것이다. 과자 조각에는 한 개의 흠도, 기포도, 갈색 점도 없다.

프링글 한 조각을 변기 속에 넣어보면 넓적한 빵처럼 부풀면서 거기서 기름기가 분리되어 떠오른다. 나는 늘 프링글 말고 '러플즈 *Ruffles*'를 고르는데 거기에는 부서진 조각, 탄 조각들이 온전한 조각들과 함께 섞여 있다.

초등학교 3학년이던 어느 날, 방과 후 나는 울면서 집에 온 적이 있었다. 이유를 묻는 엄마에게 나는 교장 선생님이 어떤 선생님한테 내가 야비한 코끼리라고 하더라고 말했다. "뭐라고 그랬다고?" 엄마가 물으셨다. "야비한 코끼리요. 교장 선생님이 나더러 야비한 코끼리랬어요." 엄마는 즉시 교장 선생님께 전화를 걸어 왜 나를 야비한 코끼리라고 불렀는지 이유를 알려달라고 하셨다. "아, 아닙니다. 부인. 정말 테드 답군요. 테드는 가끔 일을 뒤죽박죽으로 만들 때가 있거든요. 전 테드를 야비한 코끼리(scurvy elephant)라고 부르지 않았습니다. 신경 쓰이는 녀석(disturbing element)이라고 했지요."

우리가 사는 세상에는 야비한 코끼리가 더 많이 필요하다. 우리는 '자신들은 존재한다'는 사실을 깨달은 사람들, 다른 사람들로부터 자신의 존재를 인정받을 필요가 없는 사람들을 필요로 한다. 야비한 코끼리는 행동하는 사람이다. 그런 사람들은 인구 중 극히 소수를 차지하는데 원인에 의거해 인생을 살고, 스스로에 대해 좋은 감정을 가지고 있으며, 다른 사람들이 자신의 의미를 대신 규정짓도록 두지 않고 스스로가 그 의미를 규정짓는다. 행동하는 사람은 늘 최고의 결정을 내리는 것은 아니지만, 자신이 내리는 모든 결정을 인정한다. 그들은 모험과 도전을 좋아한다. 새로운 질문을 던지고 자신이 경험의 중심임을 알기에 그들은 창의적이다. 야비한 코끼리들은 내가 앞서 언급했던 노래가사들을 바꾸기 원하는 사람들이다. 그 가사들에 사람을 끄는 매력은 없을지 몰라도 거기 담긴 생각들은 훨씬 가치 있다.

　

"나는 당신을 사랑하는 일을 멈출 수 없어요. 하지만 오늘밤은 그러지 않는 게 좋겠어요."

"당신이 나를 떠나신다면… 나가는 길에 문에 부딪치지나 마세요."

"당신이 내 인생의 빛이라고? 흥! 내가 당신 인생의 빛이야, 왜 이래!"

"사람들… 사람들을 원하는 사람들."

"당신이 나를 여자로 느끼게 해줘? 날 여자로 느끼게 만드는 건 나야, 그리고 그건 당신이랑은 상관없어."

아티초크 증후군

인정을 받으려는 이 맹렬한 욕구 때문에 대부분의 우리는 아티초크(artichoke : 국화과 풀로 꽃이 피기 전에 잘라 식용으로 사용함 – 옮긴이) 증후군 증세로 고통 받는다. 당신 자신을 아티초크라고 생각해보라(만약 아티초크를 싫어한다면 양파나 나무라고 생각하라). 아티초크의 중심은 이 풀에서 가장 탐스럽고, 맛있고, 연한, 가장 음미할 만한 부분이다. 아티초크처럼 우리는 자신을 보호해주는 잎들로 둘러싸여 있다. 그러한 잎들은 바로 우리가 다른 사람으로부터 인정받기 원하는 우리의 방어기제, 굳어진 신념체계와 사고방식, 변명거리, 죄, 걱정, 과거와 미래의 삶, 외양이다. 나이를 먹음에 따라 그 잎들은 우리의 마음

주위를 더 두껍고 단단하게 싸면서, 인정받는 일을 쉽게 만들거나, 우리가 살아가는 방식을 인정하지 않는 다른 이들로부터 우리 모두가 당하는 불가피한 거부들을 견뎌내기 쉽도록 만든다.

그러나 그 잎들이 단단해짐에 따라 우리는 지금을 살아가기가, 지금에 대해 책임지기가, 진정 원하는 지금들을 누리기가 힘들어진다. 대신 우리는 다른 사람이 대신 우리의 지금을 결정짓도록 허락함으로써, 경험하는 현재를 그저 대처하기에만 급급할 뿐이다. 그 잎들이 단단해짐에 따라 우리는 창의적이거나, 상상력이 풍부하거나, 생산적이기 어렵게 된다. 우리 각자가 얼마나 독특하고 귀중한 존재인지를 깨닫게 될 때, 우리는 자신을 둘러싸고 있는 잎들을 하나하나 벗겨낼 수 있게 된다. 그럼으로써 우리는 우리의 마음을 조금씩 드러내게 되고, 그 과정에서 우리는 점점 더 생명력을 더하게 된다.

우리가 우리의 마음에 조금씩 가까이 다가갈 때, 우리가 직면하고 있는 공포, 스트레스, 위험도 커져간다. 하지만 각각의 층을 돌파할 때 우리는 깨달음, 생명력, 변화, 효율성, 확신, 주도권, 그리고 자신만의 현실 속에서 성장한다. 어느 속담에서 이야기하는 것처럼, 고통이 없으면 얻는 것도 없다.

뉴욕 시에서 열린 한 세미나에서 나는 삶이 두렵다고 하는 한 여성을 만난 적이 있다. 그녀는 퀸즈에서 어머니와 단 둘이 살고 있었는데, 퀸즈와 맨해튼에서 한 번도 벗어나본 적이 없었다. 그녀는 운전면허증도 없고, 평생 비행기를 타본 적도 없다. 그러나 그녀는 스키만큼은 꼭 타보고 싶다고, 그것이 평생 꿈꾸던 소원이라고 말했다. 그래서 나는 "콜로라도에 꼭 한 번 오세요."라고 말했다. 하지만 그녀는 그럴 형편이 못 된다고 거절했다. 나는 그녀에게 우리 집에서 재워주고, 공짜로 스키를 탈 수 있도록 모든 여건을 준비하겠노라고 말했다. 하지만, 그녀는 다시 "비행기 삯이 너무 비싸요."라고 거절했다. 나는 비행기 요금을 내주겠다고 했다. "안 돼요." 그녀는 그럴 수 없었다. 그녀는 비행기 타기가 두려웠다. 기차를 타면 어떠냐고 물어봤다. 결국, 그녀는 내 제의를 모두 거절했다. 나의 제안이 그녀는 너무나 두려웠다. 그녀는 안전지대를 벗어나지 않으려 했다. 그녀는 자신을 단단히 둘러싸고 있는 잎들을 벗겨내지 않으려 했다. 그녀의 삶은 거의 무기력 그 자체였다.

자기만의 작은 세계를 떠나기 거부하는 그녀의 태도가 우리에게 유별나게 느껴지는 반면, 잎들을 벗겨낼 수 없는 그녀의 무능력은 그렇지 않다. 우리도 어떤 식으로든 그처럼 완강하게 자신을 보호한다. 얻을 수 없다고 우리가 '확신'하는 일자리에는 아예 지원하지 않는다거나, 다른 이에게 개인적인 문제를 털어놓지 않는 것 등이 그 예다.

혹평가들로 가득한 이 세상에서 행동가가 되려면, 결과 대신 원인에 따른 삶을 살려면, 자신의 삶을 책임지려면, 그러한 잎들을 벗겨내고 안을 들여다봐야 할 때 따르는 모험과 고통과 두려움(FEAR : False Emotions Appearing Real – 겉보기에는 진짜인 것 같은 거짓감정들)을 감수하라.

전문직업인들을 대상으로 열린 한 모험계발 모임에서, 나는 참가자 중 한 사람에게 이 자리가 끝난 뒤 나가서 실제로 모험을 한번 해보라고 주문했다. 다음 주 그는 자신이 한 모험에 대해 다음과 같이 발표했다. "시내에서 버스를 탔습니다. 보통 나는 뒤편에 앉고 사람들과도 얘기를 잘 안합니다. 그래서 나는, 거리를 지나갈 때마다 그 거리들의 이름을 크게 외쳐주어 운전사를 도와줘야겠다고 마음먹었죠. 처음에는 꽤 긴장되더군요. 내가 에반스 가(Evans Avenue)!라고 소리치자 사람들은 이상하다는 눈길로 날 쳐다봤어요. 그 정류장에서 하차한 사람이 보통 때보다 더 많다는 사실을 알겠더군요. 그래도 나는 좀 더 자신감을 가지기 시작했고 아예 일어서서 다음 거리 이름을 외쳐댔지요. 드디어 사람들이 내게 박수치고 감사해하기 시작하더군요. 나는 그 버스에서 지금껏 보지 못한 많은 사람들을 만났습니다. 와인과 치즈를 갖다 주는 사람도 있었답니다. 정말 멋진 경험이었어요."

프롤로그에서 말한 것처럼, 당신에 대해 가장 잘 아는 사람은 당신이다. 직원들을 관리하려면 먼저 당신 자신을 효과적으로 잘 관리해야 한다. 똑똑하고 독립적인 아이로 키우려면 먼저 당신이 똑똑하고 독립적인 부모가 되어야 한다. 배우자와 자녀를 진정으로 사랑하기 위해서는 먼저 자기 자신을 사랑해야 한다. 다른 사람의 기대에 부응하는 삶을 사는 것은 스스로 멸망하는 길이다. 왜냐하면 그것은 다른 사람을 통해서 당신의 삶을 사는 것이기 때문이다. 자신은 희생시킨 채 늘 다른 사람을 만족시키려고 노력하다보면 결국 당신이 그토록 열심히 노력했던 그 관계들은 악화되거나 심지어 깨지기도 한다. 당신이 되고 싶어 하는 사람은 당신이 아니기 때문에, 다른 사람의 존재를 통해 살아가면 원한과 분노만 쌓일 뿐이다. 대부분의 사람들은 본

연의 자기로 살아간다는 것은 정말로 생각보다 훨씬 쉽다(그 잎들을 도로 벗겨내는 일이 두려울 때도 있지만)는 사실을 깨닫지 못한다. 다른 사람이 되는 일이 정작 훨씬 힘든 일이다.

내 친구인 셸던 코프*Sheldon Kopp*가 쓴 책 중《길에서 부처를 만나거든, 그를 죽여라!*If You Meet the Buddha on the Road, Kill Him!*》가 있다. 그 제목이 뜻하는 바는, 이 세상은 부처로 가득하다는 점이다. 인생의 의미를 자신의 밖에서 찾고 있다면, 그러한 부처들을 만족시키려고 노력하고 있다면, 당신은 잘못 생각하고 있는 것이다.

Chapter 13

별세상으로의 여행

대부분의 사람들은 자신이 행복해야겠다고 마음먹은 정도만큼 행복하다.
– 에이브러햄 링컨 *Abraham Lincoln*

1983년 9월 1일, 뉴욕발 서울행 대한항공 007편은 단지 소련 영공을 침범했다는 이유로 소련 전투기 조종사에 의해 동해에서 격추당했다. 미국인 61명을 포함한 269명의 승객과 승무원들이 사망했다. 그들 모두 죽음을 선택했다. 캘리포니아 산 이시드로*San Ysidro*의 맥도널드 매장에서 제임스 허버티에 의해 살해당한 21명의 손님과 종업원들은 죽음을 선택한 것이었다. 챌린저호를 탔던 7명의 우주비행사들도 죽음을 선택했다. 내 양아들 스코트는 어린시절 그의 친부모로부터 육체적으로 학대받을 운명을 선택했다. 우리 각자는 삶에서 경험하는 모든 일들에 대해 100퍼센트 책임이있다. 우리는 그 어느 것에 대해서도 변명할 수 없다. 심지어 삶과 죽음까지도.

보통 내 주장은 여기쯤 오면 설득력을 잃어버리기 일쑤다. 대부분의 사람들은 '자신에게 일어나는 일에 전적인 책임을 지라' 는 원칙에 대해서는 어느 정도 수긍하고 따라온다. 일단 사람들이 이 원칙을 받아들이기 시작하면, 실패한 결혼도, 위기에 봉착한 사업도, 지난 주 일어났던 차 사고도 모두 자신이 100퍼센트 책임져야 할 일임을 알게 된다. 하지만 삶과 죽음까지 선택한다는 것은 우리의 사고로는 이해하기 힘들다. 그렇다. 그것은 별세상의 일이다.

그 당시 맥도널드에 있던 사람들 중 대부분은 어린아이였다. 그들이 뭐 때문에 죽음이라는 끔찍한 선택을 했겠는가? 거기다가 자신이 당한 죽음에 왜 그들이 책임을 져야 한단 말인가? 제임스 허버티는 총을 쏘았다. 죽은 사람들이 하필 그 시간 그 장소에 있었던 것은 운이 나빴기 때문으로 봐야 한다. 그들이 그 사실을 미리 안다는 것은 불가능했다. 선택이나 개인적인 책임의 문제가 아닌, 운이 나쁜 탓이었다.

그리고 어느 날 밤 카메룬의 한 호수에서 뿜어낸 유독한 연기 때문에 잠자고 있던 1,700여 명의 사람들이 질식사한 사건은 또 어떻게 설명해야 하는가? 그 일이 있기 전까지 그 호수는 지역주민들에게 아름다운 경치와 푸른 물을 제공하던 좋은 호수였다. 어떻게 그 사람들까지 '죽음을 선택했노라' 라고 말할 수 있겠는가? 참사가 일어나기 전 어떠한 조짐이 있었던 것도 아니다. 그것은 '신이 한 일' 이라고 설명할 수밖에 없는 일이었다.

사람들이 이런 내 의견에 대해 거부반응을 보이는 것도 이해할 수 있다. 하지만 난 이 책을 슈퍼마켓이라고 했다. 당신은 자신이 원하는 것을, 당신에게 가장 필요한 것을 고를 선택권이 있다. 그래서 난 어쨌든 여러분의 선택을 존중한다. 하지만 한 가지만 기억하자. 당신이 내 의견, 즉 우리가 탄생과 죽음까지도 선택한다는 개념을 어떻게 받아들이든, '우리 삶의 모든 책임은 우리에게 있다'는 명제에는 전혀 변화가 없다. 그러니 이 장에서 하는 나의 주장을 좀 참을성 있게 들어주길 바란다. 이제 별세상에 입장하면서 당신은 자기관리의 기본 개념에 대해 더 잘 이해할 수 있게 될 것이다. 좀 더 극단적인 사례들을 이해하는 차원에 이르렀을 때, 당신은 지금보다 한층 더 성숙하게 될 것이다. 그러한 차원에 도달함으로써 당신은 보다 만족스럽고 유쾌한 '지금'을 경험하게 될 것이다.

나는 많은 똥을 치웠다

서른한 살이 되던 해, 나는 남부럽지 않은 삶을 영위하고 있었다. 정원이 딸린 아담한 주택, 대기업의 간부라는 성공적인 경력. 하지만 나는 전혀 행복하지 않았다. 내 결혼생활은 오래 된 걸상처럼 삐걱거리기 시작했고, 직장생활도 점차 지루해져만 갔다. 난 내 삶에서 만족을 찾지 못했다. 그래서 난 앞서 나온 구도자처럼, 의지할 만한 무언가를 갈망했다. 다양한 종교와 철학 책들을 섭렵했고, 정신적 스승으로 모실 만한 분들을 수소문하기 시작했다. 그 과정에서 나는 많은 똥을 퍼 날랐다. 나는 분석했고, 피했고, 반응했고, 기대했다. 외양간 이

구석에서 저 구석으로, 앞에서 뒤로, 때론 흔들기도 하면서, 점점 더 큰 삽들을 사용하면서, 나는 최선을 다해 나의 끊임없이 '지금'을 퍼 냈다. 하지만 정작 해결된 것은 아무것도 없었다. 나는 지금까지 내 삶에서 그 무엇과도 정면으로 맞닥뜨리지 않은 채, 최고의 스승이 날 찾아와 내 모든 문제를 해결해주리라 기대했던 것이다.

그러던 어느 날 갑자기, 난 내가 머물고 있는 여기에 진실이 없음을, 그래서 지금 쥐고 있는 삽을 내려놓아야만 한다는 것을 깨달았다. 내 가 진정으로 하고 싶었던 것은 내 스스로 나의 모든 것을 진단하고, 거 기에 맞는 해결책을 제시하는 일이었다. 나에게 무엇이 맞는지 결정 하는 사람은 바로 나였다. 나는 나에게 맞는 것을 결정할 수 있는 '단 하나'의 사람이었다. 드디어 나는 영적 스승이라는 말에 해당하는 '구루*guru*'의 철자는 바로 '지유알유(gee, you are you : 이런, 너는 너 야'임을 깨닫게 된 것이었다.

내 경험의 중심은 나고, 이 자리에 지금 앉아 있는 사람도 나 다. 내 인생에서 내가 경험하고자 선택한 것 외에는 아무 것도 존재하지 않는다.

자신의 행동에 책임진다는 개념은 매우 간결하고 명확하다. 열쇠를 차 안에 두고 내린 당신, 누굴 탓하겠는가? 당겨야 열리는 문을 밀었 다거나, 아이스크림을 냉장고 안에 두지 않았다거나, 누군가의 이름 을 잊어버렸을 때 당신은 어떤 변명을 하겠는가? 간혹 천재적인 순발 력과 과감한 배짱으로 이 모든 결과의 책임을 남에게 돌리는 사람이 있긴 하지만, 우리들 대부분은 그 정도의 위인이 되지 못한다.

나는 고속도로 터널 한복판에서 기름이 바닥나 곤혹을 치른 적이 한 번 있다. 다른 운전자들의 노골적인 짜증, 등줄기를 타고 흘러내리는 식은땀… 이러한 상황에서 냉철한 정신상태를 유지하는 것은 여간 어려운 일이 아니다. 자, 그럼 다시 물어보자. 이 상황은 누구의 책임인가? 그 날 아침 차를 타기로 선택한 것은 나다. 차에 기름이 충분하다고 지레짐작한 것도 나다. 터널을 지나가기로 결정한 사람도 나다. 아무도 나를 위해 대신 결정해주거나, 행동해준 사람은 없다. 혹시 당신은 눈치 없게 도로 한복판에서 서버린, 그래서 당신을 민망하게 만든 차를 원망하는가? 차는 아무 잘못이 없다. 차는 하루 종일 차고에 있었으며, 한 번도 이상한 소리를 낸 적도 없다.

우리는 우리가 한 행위의 결과물들이 우리의 예상을 벗어나거나, 심지어 우리가 수습할 수 없는 지경에 이르는 경우를 종종 목도한다. 운전하다가 누구나 한 번쯤은 타이어에 펑크가 나는 경험을 겪어봤을 거다. 펑크의 원인은 아무렇게나 방치된 못이라고 하자. 도로 가장자리에 차를 세우고 타이어를 살펴볼 때까지, 당신은 그 못을 볼 수 없다. 타이어에 펑크가 나는 경험을 하기로 선택한 사람은 누구인가? 터널 속에서 갑자기 멈춰버린 내 차의 경우와 별반 다를 게 있는가? 그 날 운전하기로 결정한 사람은 당신이다. 그때 그 도로를 지나가기로 선택한 사람도 당신이다. 그렇다. 당신의 차가 못을 덮치는 순간을 만들어낸 장본인은 바로 당신이다. 이래도 책임을 회피하겠는가? 타이어에 펑크 나는 일이 없이 목적지까지 안전하게 도착했더라면 어땠겠는가? 당신에게 책임이라는 것은 상황에 따라 다른 의미인가?

못 하나가 고속도로에 떨어져 있다는 사실과 그 못이 당신의 타이어에 구멍을 낼 것이라는 사실을 미리 안다는 것은 사실 불가능하다. 이제 우리는 그 못은 이 일과 상관없는 일이며 따라서 우리는 그 못은 탓하지 않을 것임을 알게 된다. '불운' 이라는 단어가 이 상황을 가장 적절하게 설명해줄 듯싶다. 행운과 불운이 존재한다는 것은 우리가 사는 이 세상이 얼마나 예측하기 힘든지를 웅변해주고 있다. 이 세상에서 행운과 불운은 어떠한 일들이 일어나는 원인이 된다. 별세계에 살고 있는 운명의 여신이 그 장소에 그 못을 갖다놓았다고 생각하자. 그 못에는 당신의 이름이 새겨져 있다.

카메룬의 살인호수 근처 주민들이나 살인사건이 일어난 맥도널드 매장을 방문했던 고객들, 격추된 007편에 탑승했던 승객들도 이와 마찬가지다. 미국에서 서울까지 비행기를 타겠다는 선택을 한 사람들은 누구인가? 바로 그 비행기를 타겠다고 결정한 사람들은 누구인가? 뉴욕에서, 혹은 격추되기 전에 마지막으로 연료를 공급받은 앵커리지에서, 비행기에 탑승하기로 선택한 사람들은 누구였나? 모든 것이 완벽하다. 소련인들이 화면에 등장하기까지는 말이다. 그 소련인들은 비행기를 격추하기로 결정했기 때문에 승객들의 죽음에 대해 책임을 져야 한다. 그렇다. 책임은 그들에게 있었다. 그들에게는 100퍼센트 책임이 있다. 하지만 탑승객들과 승무원들도 책임이 있다. 비행기 안으로 자신을 밀어 넣은 사람들이 누구였나? 자신이 내린 결정의 결과로 비극을 겪은 사람은 결국 누구인가?

결과는 거짓말하지 않는다

그때 내가 타이어 펑크에 대한 책임을 전적으로 지지 않았다면, 난 계속해서 내가 원하지 않는 경험들에 대해 또다시 변명하고 핑계를 찾으려 했을 것이다. 내 책임을 다른 사람에게 전가할 수 있다는 것은 꽤 매력적인 일이다. 하지만, 기억하라. 이러한 행위를 하는 사람은 최소한의 일관성도 지키지 못하고 있음을. 당신이 자신의 행동에 대해 책임질지 아닐지를 결정할 수 있다는 것은 당신은 이미 모든 상황에서 변명만을 내세우는 일관성 없는 사람이라는 것을 인정하는 것이다. 약속 시간을 30분이나 늦은 당시에게 교통체증은 훌륭한 이유가 될지 몰라도, 당신과의 점심식사를 기대하던 동료에게는 구차한 변명에 불과하다는 것을 잊지 말길 바란다. 마치 이런 사람들은 모노폴리 게임에서 규칙을 무시하고 1,500달러 대신 2,000달러로 시작하겠다고 우기는 사람이다. 당신은 그런 사람과 모노폴리 게임을 하고 싶은가?

많은 사람들이 삶은 애당초 공평하지 않다고 말한다. 삶이라는 게임을 시작할 때, 어떤 사람은 2,000달러도 훨씬 넘는 액수를 가지고 출발선에 서고, 어떤 이는 무일푼으로 출발선에 서기도 한다. 출발선에서부터 공정하지 않은 게임이니, 규칙이 무슨 필요가 있겠냐고 한다. 삶은 그야말로 진흙탕이고, 그 끝은 어쨌든 죽음이니, 바퀴에 기름칠이나 잘 해서 가능한 한 빠르고 쉽게 가는 것이 우리에게 주어진 사명이라는 말이다.

그리고 내 친구 하나는 별세상에 대한 나의 개념이 상식, 실용성, 그리고 무엇보다도 '현실'을 전혀 고려하지 않은 생각이라고 한다. 그는 내가 삶이 얼마나 복잡다단한 것이지를 아예 무시하고 있다고 주장한다. 타이어에 펑크가 나든, 제임스 허버티가 총 세 자루를 들고 걸어 들어오는 날 맥도널드 매장에 있든, 우리 중 어느 누구도 앞으로 겪을지도 모르는 불행한 일을 피해가거나 예견할 수 없다.

그렇다. 나도 우리 중 어느 누구도 미래를 정확히 예측할 수 없다는 것에는 전적으로 동의한다. 하지만, 조금만 더 긍정적으로 생각해보자. 바로 그 점 때문에 삶은 틀에 박히고 지루한 것이 아닌, 흥미진진한 대상이 되는 것이다. 우리는 자신에게 일어난 모든 일에 책임을 져야 훨씬 더 많은 순간들을 즐겁고 행복하게 살수 있다. 그렇다고 이러한 삶의 태도가 무슨 마법이라도 되는 양 착각하지는 말자. 이렇게 우리 삶의 전적으로 책임진다고 해도, 우리가 누리는 지금이 우리가 바라거나 원하는 지금으로 바뀌지는 않는다. 하지만 이것 하나만은 자신 있게 말할 수 있다. 우리 마음에 들지 않는 지금이라 할지라도 우리가 책임을 지기 시작한다면, 우리는 분명 그 순간부터 '진보' 하고 있을 것이다.

삶에는 오직 전진만이 존재한다. 우리는 우리가 가진 한정된 수단을 가지고 각각의 지금에 대한 최선의 결정을 내린다. 007편의 탑승객 중에는 실제로 죽을 의향을 가진 사람들이 있었을지도 모른다. 사람들은 얻기로 선택한 것을 얻는다. 결과가 거짓말하지 않는다는 것은 그 때문이다. 하지만 우리 대부분에게 그것은 위안을 주거나, 수용 가능하거나, 이해 가능한 개념이 아니다. 아무 득도 없이, 그토록 비극적이거나 고통스런 경험을 해야겠다고 선택할 사람이 누가 있겠는가? 나는 그 점에 대해서는 할 대답이 없다. 햄버거를 먹으면서 총을 맞고 싶어 하는 이유를 나는 말할 수 없다. 그러나 우리 지금들의 일부를 이해하지 못하거나 바라지 않는다고 해서 그 지금들에 대한 우리의 개인적 책임이 없어지지는 않는다.

우리들 중 일부는 어떤 일들이 왜 하필 우리에게 일어나는가를 심각하게 고민한다. 하지만 난 이런 고민이 무의미하다고 본다. 그 일을 분석하느라 얼마나 많은 돈과 시간과 열정을 바쳤는가? 매주 금요일 오후만 되면 사람들은 동네 술집에서 '왜 하필 나' 모임을 가진다. 그들은 외양간 이 구석에서 저 구석으로 똥을 퍼내고 싶어 하는 사람들이다. 하지만 그것은 시간낭비다. 그것은 과거와 미래에 몰두하는 일이다. 그러기에는 삶이 우리에게 허락한 시간이 너무 짧다. 현재의 지금이 참기 힘들 정도의 고통을 우리에게 안겨준다 해도, 우리는 이러한 상황을 만든 장본인이 우리 자신이라는 사실을 인정하고 모든 책임을 져야 한다. 결과에 대한 완전한 책임을 지고 그것을 기꺼이 받아들일 때, 당신이 얻을 수 있는 삶의 충만함은 일찍이 겪었던 과거의 삶과는 비교할 수 없을 것이다. 게다가, 당신은 자신이 원하지 않거나 이해할 수 없는 결과물들이 찾아올 때, 당신은 좀 더 빨리 그리고 현명하게 그것들의 존재를 받아들일 수 있게 될 것이다.

설명하기 쉽지는 않지만, 삶은 우리가 생각하는 것처럼 늘 그렇게 복잡하지만은 않다. 1980년, 84명의 사람들은 라스베가스 MGM호텔 화재로 인해 죽을 것을 선택했다. 정말 흥미롭지 않은가? 삶은 이해할 수 없는 것 투성이다. 그렇지 않은가? 하지만 여기서 잠시, 그 화재가 우리에게 남긴 여파를 생각해보자. 호텔에서 숙박하는 사람들은 여행 가방에 화재경보기와 로프를 지참하기 시작했다. 자신이 투숙할 방에서 비상탈출까지의 거리를 계산했고, 3층 이상에는 아예 투숙하지 조차 않았다. 회의실을 예약한 사람들은 전문가를 미리 파견해 화재예방시설을 확인했다. 그 사람들은 최소한 호텔 화재로 인해 죽지 않겠다고 결단을 내린 것이다. 그렇다면 간단한 사전 예방책을 취하기로 선택하지 않은 사람들, 혹은 아예 잊고 지내는 사람들은 어떻게 된 것일까? 그런 사람들 중 66명은 그로부터 몇 년 뒤 푸에르토리코에서 발생한 한 호텔 화재 때 죽음을 선택했다. 그 호텔은 스프링클러 시설을 갖추지 않았을 뿐 아니라 객실에는 화재경보기도 없었다. 이걸 단지 불운이라고 말할 수 있겠는가? 내가 이런 난해한 개념에 얽매이면 얽매일수록 알게 되는 사실은 현실의 실체를 아는 사람은 아무도 없다는 점이다. 전반부에서 이미 언급한 대로, 각자가 자신을 위해 만드는 것이 바로 현실이며, 그 현실은 우리가 기꺼이 받아들일 의향만 있으면 매일 우리에 맞게 변화하거나 확장될 수 있다. 현실에는 한계가 없다. 현실이 복잡하다는 말도 사실 그렇다. 수학이 공부를 하면 할수록 그 복잡성과 난해함이 덜해지는 것처럼, 한때 머리가 터질 듯 복잡하게 느껴지던 우리의 현실도 확장됨에 따라 단순해질 수 있다.

더 많은 별세상

나는 이 장 도입부에서 내 아들 스코트는 그의 친부모에게서 태어나고, 두들겨 맞고, 학대당하기를 선택했다고 말했다. 선택에 대한 이러한 개념은 어린아이들의 경우에서는 특히 납득하기가 힘들어진다. 왜냐하면 선택이라는 행위는 추론하는 능력과 이성적이고 분별력 있게 결정하는 능력이 수반되어야 가능하기 때문이다. 그렇다. 우리는 특정한 비행기를 타거나 타지 않기로 결정할 수 있고, 패스트푸드점에 가지 않을 수 있고, 호텔에 화재경보기를 가져갈 수 있다. 하지만 어린이들은 이런 선택이 애초부터 불가능하다. 그러나 우리는 몸과 마음을 영혼과 혼동하고 있다. 기억하라. 우리라고 말할 때는 우리의 영혼, 존재, 본질, 힘을 말한다. 몸과 마음은 우리가 이 땅에 머무르는 동안 사용하는 도구에 불과하다.

당신의 영혼은 늘 존재해왔고, 앞으로도 영원히 존재할 거다. 당신이 태어날 때와 죽을 때를 선택하는 것은 당신의 영혼이다. 이 땅에서 잠시 머무는 동안 영혼은 몸과 마음이라는 물리적인 형체를 띤다. 이런 사고를 바탕으로 본다면, 챌리저호의 우주비행사 7명은 죽음을 선택했고, 지금은 또 다른 세상에서 즐거운 파티를 열고 있을 것이다. 죽음은 우리가 최고의 순간을 누릴 수 있는 관문에 불과하다. 죽음은 우리에게서 몸과 마음을 빼앗아가지만, 그게 전부는 아니다. 모든 사람이 이러한 철학, 혹은 믿음에 수긍하는 것은 아니다. 하지만 이것 하나만은 기억하자. 이 지구상에 있는 동안 당신은 선택을 내릴 수단들을 갖고 있음을, 그리고 그 수단을 이용하지 않는 것은 스스로를 기만하는 행위임을.

Chapter 14

책임의 궤도

나도 중요하고 당신도 중요하다.
만약 내가 당신을 깎아내린다면 내 자신을 깎아내리는 것이다.
– 토머스 해리스 *Thomas Harris*

지금까지 우리는 우리가 누구인지, 결과를 중시하는 삶을 어떤 식으로 살아왔는지, 그리고 왜 그런 식의 삶을 살 수밖에 없었는지를 살펴봤다. 각자가 자신의 삶을 지배하기 위해 할 수 있는 것들과, 우리의 행동들을 좀 더 의식적이고 의도적으로 책임질 수 있는 방법들도 고찰해보았다. 우리는 스스로를 보다 잘 관리할 수 있는 법도 배웠다. 이제는 정말 어려운 부분이 남았다. 총책임경영이 적용되지 않을뿐더러, 이해하지도 못하는 세상에서 우리는 어떻게 이것을 활용할 수 있을까 하는 문제다. 나는 내 행동에 100퍼센트 책임을 지고 있지만, 다른 사람들은 이 사실을 전혀 받아들이고 있지 않다. 해결책을 하나하나 모색해보자.

　먼저 우리는 그들을 타인으로 생각하는 것을 중단해야 한다. 당신이 처한 현실을 창조한 것의 주체가 자신이라는 것을 잘 알고 있다. 당신은 당신의 경험의 중심이며, 다른 사람들은 아무도 그 일을 해주지 않는다. 당신은 특정한 부모에서 태어나기를 선택했다. 당신은 특정한 사람과 결혼할 것을, 특정한 상사 밑에서 일할 것을, 특정한 아이를 낳을 것을 선택했다. 당신은 현실 속에서 그런 사람들을 창조했다. 그 결과는 바로 당신이고, 당신은 현실 속의 수많은 다른 '당신들'이다.

　"모든 사람이 나다."라는 이 난해한 말은 잠깐 놔두고, 책 초반부에 나왔던 그 우울한 월요일로 돌아가보자. 구름이 잔뜩 낀 흐린 날인데다, 아침부터 몸도 쑤신다. 당신은 힘든 하루가 될 것임을 예상하고 있다. 아침을 먹으러 식탁에 있는데 아이들이 온다.

　"아침에 일어나면서 침대 정리했니? 만날 아침마다 허둥지둥하지 말고 전날 밤에 미리 좀 챙겨 놓으면 어디가 덧나니? 학교에 그런 복장으로 가면 되겠어? 음식을 골고루 좀 먹어. 시리얼은 몸에 안 좋단 말이야!"

　이제는 금요일이다. 월급날인데다 날씨도 화창하다. 내일부터 주말이니, 오늘 하루쯤은 친구와 저녁에 술 한 잔 해야겠다고 생각한다. 애들이 아침 먹으러 내려온다.

　"안녕, 애들아. 잘 잤어? 아이고, 예쁜 내 자식들…, 어디 한번 안아볼까? 근데 잠깐, 그건 학교에 입고 갈 만한 옷이 아닌 것 같구나. 저번에 아빠가 사준 그 원피스는 어떠니? 오늘 메뉴는 달걀이네. 내일은 시리얼을 먹어도 된다. 학교 잘 갔다 오렴."

흔히 보는 풍경이 아닌가? 자녀를 비롯한 다른 사람들과의 관계는 자신의 태도에 달려 있다는 것을 이제 좀 눈치 채겠는가? 그들은 당신의 거울이다. 물론 완벽한 거울은 아니다. 아이들은 몸에 좋지 않은 시리얼을 매일 먹고 싶다고 보챈다. 나는 그렇지 않은데도 아이들이 거칠어지거나, 버릇없이 굴 수도 있다. 그러나 내가 기분이 좋으면, 아이들도 좋은 기분이 되는 경우가 대부분이다. 만약 내가 자제력을 잃으면, 그들도 자제력을 잃기 십상이다.

애완견 전시회에 가본 적이 있는가? 애완견들과 그 주인들을 눈여겨보라. 서로 닮지 않았는가? 그들은 외모만 닮은 것이 아니라, 실제 기질과 태도도 비슷한 경우가 많다. 완전 거울이라 해도 과언이 아니다. 오랫동안 함께 산 부부들은 또 어떤가? 비슷한 옷에, 비슷한 말투, 비슷한 외모, 비슷한 매너까지…. 그래도 모르겠는가? 그렇다면 다른 사람의 집을 방문해보라. 다른 사람의 집에 들어가자마자 받은 인상과 그 사람의 실제 이미지는 크게 다르지 않을 것이다.

세상은 당신을 비추는 거울이다. 나는 이 반영의 법칙을 증명하기 위해 여러 사람을 대상으로 실험을 했다. 참가자들은 둘씩 의자에 앉아 서로를 마주본다. 사람들의 마음이 이완되도록 조명은 어둡게 한 뒤, 나는 그들에게 생각의 사다리 가장 아래쪽까지 내려가볼 것을 지시했다. 그 다음 당시 가장 친한 친구가 누군지 생각해보라고 주문했다. 친구의 이름은 무엇이었으며, 생김새는 어떠했는가? 그 친구의 가

장 큰 매력은 무엇이었나? 그 다음에는 싫어하는 사람을 생각해보라
고 했다. 왜 그리도 그들이 싫었는가? 이런 생각의 사다리를 한 단계
씩 올라가며 각 단계마다 이 과정을 반복해보았다. 이제는 고등학교
시절의 사다리에 그들을 머무르게 했다. 나는 또 가장 존경했던 선생
님은 누구이며, 어떤 점이 존경스러웠는지를 떠올려보라고 했다.

모든 사람들은 이 과정을 끝내고 각자 상대방에게 자신이 좋아했던
사람, 싫어했던 사람이 누구이며, 왜 그런지도 이야기했다. 이 과정도
끝나면, 네댓 명씩 그룹을 만들어 토의를 하게 했다. 이 과정에서 사
람들은 놀라운 것을 발견했다. 좋아했던 사람과 싫어했던 사람 모두
자신의 모습을 그대로 반영한다는 사실이었다. 우리가 좋아하는 사람
에게 본 것은 우리가 실제로 좋아하는 모습이거나, 닮고 싶은 모습이
었다. 반면에 싫어하는 사람에게는 우리가 싫어하거나 닮고 싶지 않
은 모습이었다.

많은 학자들의 말마따나, 우리 속에는 선량함과 잔인함, 약함과 강
인함, 의식과 무의식, 그리고 확신과 불안이 늘 혼재되어 있다. 그리
고 이는 개인의 고유하고 독특한 방식으로 표출되곤 한다. 완전한 인
간이 된다는 것은, 유일무이하면서도 동시에 다른 사람들과 똑같아야
한다는 모순적인 논리를 내포하고 있다.

어린 시절 난, 도둑질을 해본 경험이 있다. 나는 서랍에서 아버지의
동전을 꺼내 쓰곤 했는데, 워낙 적은 액수라 아버지는 눈치 채지 못하
셨다. 그 다음 나는 상점으로 무대를 옮겨 막대사탕에 손을 대기 시작
했고, 13세가 되던 해에는 저질잡지 중 하나인 〈햇빛과 건강〉을 훔치

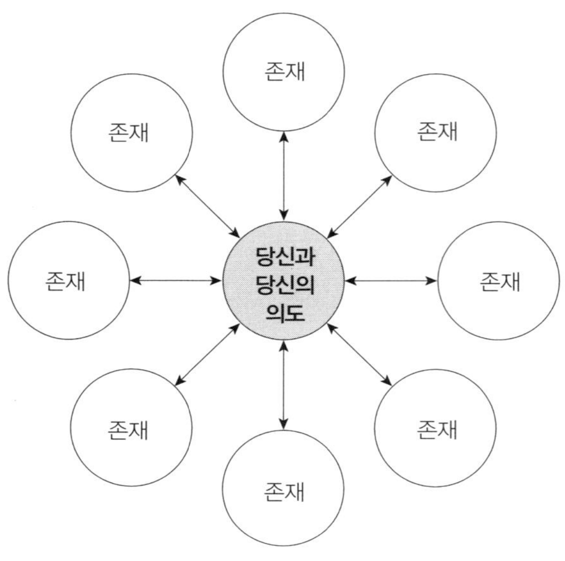

기에 이르렀다. 그 이후 나는 도둑질하는 사람들만 보면 매우 불안감을 느끼는데, 그들 속에서 나의 과거 행동은 물론 지금도 잠재되어 있는 도벽기질을 보는 것 같아서다. 이처럼 우리는 매 순간 다른 사람의 모습을 통해서 우리 자신을 발견하곤 한다. 이것을 '우리의 모습을 다른 사람에게 반영한다' 고 정의해보자. 이 말은 매우 중요한 의미를 가지고 있다. 우리는 이 과정을 통해 다른 사람은 곧 타인이 아니라, 나와 동일한 인물이라는 것을 발견하게 되며, 이는 우리가 얼마든지 다른 사람을 바꿀 수 있다는 것으로도 해석된다.

자, 이제 우리가 총책임경영이라는 매우 상식적인 삶의 태도가 통하는 사회를 만들려면 어떻게 해야 하는가? 우선 나부터 내 행동에 100퍼센트 책임을 지면 된다. 그 후의 일은 별로 걱정하지 않아도 된다. 나의 긍정적인 행동에 반응을 보이는 내 주위의 다른 '나' 들 또한 100퍼센트 책임 있는 존재가 될 것이다.

의도된 의도들

'우리 자신의 거울' 이라는 그림을 한번 살펴보자. 중심 원에는 '당신과 당신의 의도' 라는 글이 적혀있다. 당신과 나 사이에는 의도가 있다. 의도는 결정이나 선택을 앞서는 힘이다. 당신과 나 사이에는 이 책을 읽고자 하는 의도가 존재한다. 친구와 한 잔 하거나 거래를 마무리하거나 아침을 먹거나 결혼을 하거나 건강한 아이를 낳거나 하는 의도들이 당신의 삶을 채우고 있다. 이 의도는 무의식적일 때가 많다. 우리는 왜 우리가 이런 행동을 하려 했는지 그 의도를 모르기도 한다. 그러나 선택처럼, 우리는 여전히 그 의도에 대해서도 책임이 있다.

내 의도는 내 경험이다.

내 경험은 내 의도다.

어떤 사람이 복권에 당첨되었다. 그는 복권에 당첨되길 의도했던 것일까? 그들은 아니라고 말할지 모르지만, 나는 그렇게 보지 않는다. 그들은 당첨되기를 의도했던 것이다. 즉 그들은 그런 일이 일어나기 위해 필요한 모든 일들을 다 한 뒤 멀찍이 앉아서 빌고 또 빌기로 계획했던 것이다. 그리고 그들은 당첨이라는 결과를 경험하기에 이르렀다. 당첨된 것은 그들이 당첨되기를 의도했다는 뜻이다.

만약 가족 중 누군가가 죽었다면 당신은 그의 죽음을 계획한 것인가? 아니다. 당신은 그들이 죽기를 바라지 않았다. 당신은 물리적으로 는 그들의 죽음에 아무런 원인도 제공하지 않았다. 그러나 가족 중 누 군가가 죽는 경험을 겪는 것에 대해 당신이 의도했다면? 그렇다. 당신 의 경험은 당신의 의도다. 이제 좀 이해가 가는가?

의도는 매우 중요한 개념이다. 당신이 무엇을 의도했는가에 따라 당신의 결과는 확연하게 달라질 수도 있기 때문이다. 지원한 직장에 붙기를 간절히 원하고 바라면서, 불안하고 자신감 없는 태도로 인터 뷰에 임하는 사람들의 의도는 무엇인가?

성인을 대상으로 강의할 때 나는 이혼한 사람 있으면 손 들어보라 는 주문을 자주 하곤 한다. 이혼한 사람들은 꽤 많았다. 그러면 나는, 참석자들에게 자신이 그 관계를 순조롭게 만들지 않을 의도를 갖고 있음을 안 때가 언제냐고 물어본다. 놀랍게도 결혼하기 전부터 결혼 생활이 순조롭지 못할 것을 알았다고 대답한 사람이 한두 사람씩 있 었던 것이다(이혼해본 적이 없는 사람들에게, 그 대답은 다소 충격적일 수 있다).

나도 고백하겠다. 나는 결혼식 이틀 전부터 그 결혼이 행복하지 못 할 것 같다는 사실을 알았지만 실제로 이혼서류에 도장을 찍기까지는 10여 년이 더 걸렸다. 결혼할 당시 나는 오하이오 주립대학에서 막 퇴 학당했고, 축구나 레슬링 장학금 수혜의 기회도 일절 놓쳐버린데다, 베트남전 징병을 앞두고 있었으며, 무엇보다 미성숙한 인간이었다. 내 아내가 될 사람은 막 대학을 졸업하고 콜럼버스에서 사회복지사로 일하고 있었다. 결혼하면 입대도 한동안 연기될 것이고, 그녀의 부모님도 우리가 결혼하기를 원하셨다. 모든 상황이 그리 나쁘지만은 않았다. 내가 이혼을 의도했냐고? 물론 아니다! 나는 순조롭지 않은 관계를 의도했던 것이다.

슈퍼마켓 주차장에 새 차를 주차시켜본 적이 있는가? 주차할 자리가 정면에 났지만 당신은 스스로에게, '아냐, 문짝이 긁히지 않으려면 주차구역 밖에 주차하는 게 낫겠어' 라고 말한다. 하지만 곧 이어 '오, 아니지, 딱 1분 있을 건데.' 그리고는 당신은 새 차를 정면에 주차시킨 뒤 1분 후에 돌아왔고, 아니나 다를까 문짝은 참혹하게 긁혀있었다. 당신은 문짝이 긁히는 일을 당할 것을 선택했을 뿐 아니라 의도한 것이다. 분명 그렇다. 결과는 거짓말하지 않으니까.

산 이시드로 맥도널드 매장에서 죽기로 선택한 사람들은 그 죽음을 의도한 것이다. 오헤어 공항에서 DC-10비행기 충돌사고로 죽은 사람들은 충돌을 의도한 것이다. 그들은 그 날 아침 일어나기로 작정했고, 이륙시점까지 일어난 모든 일들을 경험하기로 작정했다. 충돌의 순간까지는 의도라는 말을 이해하는 데 아무 어려움이 없다. 그러나 그 시점에서 사람들은 멈칫한다.

아직 나는, '나는 순조로운 결혼을 의도하지 않았어, 나는 건강한 아이들을 낳고자 하지 않았어, 난 내 일을 즐기려는 의도가 없었어, 난 예산에 맞추려는 의도가 없었어, 나는 비행 때 안전하게 도착하려는 의도가 없었어' 라고 말하는 사람을 한 번도 본 적이 없다. 우리에겐 그 부정적이고 바람직하지 못한 결과들만 문제가 될 뿐이다.

모델링

　반영과 의도에 대해서 알게 된 지금, 우리는 이제부터 무엇을 해야 할 것인가? 그 개념들을 이해하지 못하는 세상에서 우리는 그것들을 활용하기 위해 어떻게 해야 할까? 놀이공원의 요술 거울만 아니라면, 거울은 내 모습 그대로를 비춰준다. 만약 당신 주위의 사람들 예컨대 자녀, 직원, 친구, 서비스업 종사자들을 스스로에 대해 완전한 책임을 지게 만들고 싶으면, 먼저 당신 자신이 스스로에 대해 책임을 져야 한다. 당신이 표본이 되어야 한다. 당신이 그러한 리더십을 지녀야 한다.

　그 문제를 이런 식으로 생각해보자. 자녀들이 항상 당신에게 진실만을 말해주기를 원한다면 당신이 먼저 진실이 중요하다는 사실을 믿어야만 한다. 그리고 난 후 자녀들에게 늘 믿음을 심어주는 행동과 처신을 보여야 한다. 당신이 그렇게 하면 자녀들은 당신을 말만 하는 사람이 아닌 행동으로 실천하는 사람이라는 사실을 자연스럽게 깨닫게 된다. 자녀에게서 진실을 듣고 싶으면 당신 자신이 먼저 진실하게 행동하고 진실하게 말하라. 이것이 바로 모델링 *modeling* 이다.

　얼마 전 나는, 당시 운전교육을 받고 있던 아들 스코트와 함께 고속도로를 달리던 중이었다. 내 운전을 보고 스코트가 말했다.

"아빠, 빠른데요."

"괜찮아. 100킬로미터 우습지."

"그럼 나도 빨리 달려도 돼요?"

"안 돼. 난 차를 오래 몰아 익숙하잖니."

"계속 100킬로미터 이상으로 밟고 있어요, 아빠."

"얘야, 옆 차가 나보다 더 빨리 가고 있단다."

자기 자신을 사랑하지 않으면 다른 사람도 사랑할 수 없다는 말이 있다(그렇다고 당신의 모든 행동을 인정하거나 사랑해야 한다는 뜻은 아니다). 이 말은 모호한 심리학적 주장이나 나르시시즘으로 들릴 수도 있다. 그러나 다른 관점에서 생각해보자. 당신이 잘 아는 사람들, 예컨대 친척, 친구, 동료들을 생각해본 뒤, 그 중 당신이 정말 좋아하는 사람들을 골라보라.

누구인가? 혹시 당신은 지목한 사람이 자기 자신을 가장 사랑하는 사람이 아닌가?

여기서 '자기 자신을 사랑한다' 는 뜻은 피상적인 사랑이나, 자기중심적이고 거만하며 스스로에게 관대하며, 허영심 많은 사람들을 지칭하는 것이 아니다(그런 사람들은 실제로는 불안하고 자기를 폄하하는 경우가 많다). 내가 말하는 것은 자신감이 넘치며, 자아를 존중하며, 떳떳하고, 내적으로 충만한 사람, 자신이 하는 바를 모두 좋아하지는 않지만 다른 사람으로부터 존경과 좋은 대접을 받을 가치가 있는 사람으로서, 행동하고 믿는 사람을 말한다. 그런 사람들을 쉽게 좋아하게 되는 것 같지 않던가? 그런 사람들이 가장 능률적이고 생산적인 동료, 가장 재미있는 친구, 가장 정다운 친척이 아니던가? 그런 사람들이 바로, 당신이 가장 어울리고 싶어 하고, 알고 싶어 하고, 같이 일하고 싶어 하는 사람이 아니던가? 그들을 보는 다른 사람들도 그들에게 항상 긍정적으로 반응한다. 그런 사람들은 친구도 많고 가족으로부터 도움도 많이 받는다. 그들은, 사람들이 앞 다투어 상담 받으러 가고 싶어하는 리더가 될 사람들이다.

아내나 여자친구를 때리는 남자들을 자신감 있고 스스로를 '완벽한' 개인으로 생각하는 사람, 즉 스스로를 사랑하는 사람이라 할 수 없다. 그들은 사랑을 투사하여 사랑을 돌려받을 수 없기 때문에 육체적·심리적 협박이라는 방법으로 상대방을 제압함으로써 사랑을 얻으려 한다. 사랑을 얻는 데 실패한 그들은 자신이 준 것을 다른 방식으로 돌려받는다. 일반적으로 오랫동안 이런 종류의 학대를 견뎌내온 여성들은 자기 자신을 사랑하지 않으며, 열등감을 느끼고, 자신감이 없다. 그런 여성 역시 자기가 뿌린 대로 거둔다.

당신의 구미를 당기고 당신을 자극하는 모임, 연설자, 책을 접해본 적이 있는가? 사실 그것은 그렇지 않다. 당신 스스로가 당신을 자극하는 것이다. 당신은 자극을 느낄 것을 스스로에게 허용하기로 선택한 것이다. 훗날 당신은, 그 프로그램이나 책이 좋긴 했지만 그 느낌이 오래 가지는 않았다고 불평했을지도 모른다. 그럴 때 당신은 더 이상 자극을 느끼지 않기로 결정해놓고 그 프로그램에 책임을 떠넘기는 것이다. 스스로 책임지기를 중단하겠다고 자기가 결정해놓고 그 결정의 책임을 다른 데로 떠넘기지 말라.

정치 지도자, 부모, 훈계자, 선생님들은 우리에게 늘 자신의 행동에 대해서 책임지라고 설교하고 강요했지만, 막상 자신들은 필요에 따라 잘못과 불만과 비난거리를 찾아내서는 책임을 떠넘기기 일쑤였다. 나는 이 때문에 세상 사람들이 원인 대신 결과로 행동하는 버릇을 몸에 익히게 되었다고 생각한다. 오늘날 우리 주위를 돌아보면 좋든, 나쁘든 결과에 대해서 기꺼이 책임지려는 사람들을 찾기가 어렵다는 사실을 쉽게 알게 될 것이다. 그런데도 사람들은 아이들이 거짓말을 하거나, 부하가 지각을 하거나, 필요할 때 친구가 없으면 늘 짜증을 낸다. 나 원 참!

책임의 궤도

남에 대해 비판하기를 즐기는 독설가들은 항상 이 사실을 망각하고 산다. 그들에게는 다른 사람들의 행동을 강요할 수 있는 권한이 없다는 것이다. 만약 각 사람이 자신의 행동에 대해 100퍼센트 책임진다면 오직 그 사람만이 자신의 행동과 처신을 결정할 수 있다. 같은 이치로, 당신은 세상의 나머지 사람들에게 100퍼센트 책임지는 사람이 되라고 강요할 수 없다. 사실 오늘날의 세상에서, 당신이 완전한 책임에 대해 열심히 설교할수록 그것이 먹혀들 확률은 적어진다. 오직 모델링만이 완전한 책임을 이끌어낼 수 있는 효과적인 방법이다. 그리고 모델링은 내가 '책임의 궤도(Circle of Responsibility, 216페이지 그림을 보라)' 라고 부르는 방법을 통해서 가능하다.

이 궤도의 제일 꼭대기는 '우리의 믿음' 이다. '나는 진실을 말해야 한다고 믿는다, 나는 모든 약속들이 제 시간에 이루어질 것을 믿는다, 나는 내 행동들에 대해 100퍼센트 책임져야 한다고 믿는다.' 이것은 생활 속의 '나' 다. 나는 나에서 시작해야 내가 절대적인 지배권을 가질 수 있기 때문이다.

궤도의 3시 방향에는 '우리의 행동'이 있다. 나의 믿음과 태도는 내가 행동과 처신을 선택하는 데에 영향을 준다. 내 행동과 태도들은 다른 사람들이 나에 대해 가지는 느낌에 영향을 준다. 그들이 나에 대해 어떻게 느끼는가는 그들의 믿음과 행동(6시 방향)에도 영향을 준다. 즉, 나의 행동은 다른 사람들이 자기 자신을 바라보는 방식과 그들의 주위 환경을 강화, 거부, 혹은 변경시킨다.

이제 본론에 들어가자. 나에 대한 다른 사람들의 믿음은, 그들이 나를 상대할 때의 그들의 행동에 영향을 준다(9시 방향). 물론 그 영향은 항상 직접적이거나 노골적이지는 않으며 반드시 100퍼센트 있는 것

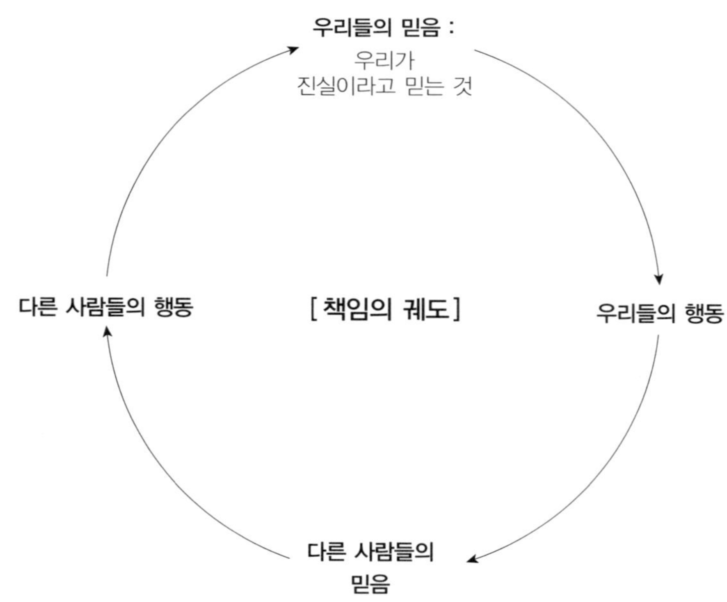

도 아니다. 그러나 영향이 있는 것은 확실하다. 나는 지금까지 진실을 말하는 것은 두말할 나위 없이 중요한 것이라는 신념체계를 굳건히 다져왔다. 나는 아이들에게 그것을 늘 이야기해왔고 행동으로 본을 보여왔다. 아이들은 내가 늘 진실을 이야기할 뿐 아니라, 늘 진실을 받아들이는 것을 중요하게 생각한다는 점을 안다. 결과적으로, 그들이 나를 대할 때는 늘 진실을 이야기하는 경향을 보인다. 이것은 지속적으로 실시된 강화의 결과이다

이미 지금쯤 눈치 챘겠지만, 당신의 언행이 일치될 때 다른 사람들에 대해 당신의 행동이 가지는 영향력이 증대된다. 언행일치는 중요한 말이다. 만약 당신이 아이들에게 거짓말을 자주 하는 사람이라면, 설령 당신이 진실을 말했다한들 그것은 아이들에게 별다른 영향을 끼치지 못한다. 당신의 행동과 태도는 계속 축적되어야만 한다. 당신이 한 번의 예외도 없이 정시에 출근하고, 약속을 지키고, 자신의 행동에 책임을 진다면, 당신을 보는 사람들은 당신을 대할 때도 같은 모습을 보여주게 될 것이다. 반대일 때도 마찬가지다. 내가 아는 한 상사는 절대제 시간에 약속을 지키는 법이 없다. 걸핏하면 지각하는 그의 습관은 부하 직원들에게 비웃음거리가 되곤 한다. 그가 절대로 약속된 회의 시간에 모습을 나타낼 리 없다는 사실을 아는 직원들은 회의에 늦게 참석하기로 작정한다. 그가 특정 시간 안에 보고서를 제출하라고 요구해도 부하들은 그의 지시를 무시한다. 그는 뿌린 대로 거둔 것이다.

책임의 궤도의 마지막은, 다른 사람이 나에 대해 행동하는 방식은 그들에 대해 내가 믿기로 선택한 바에 영향을 주고, 결과적으로 내가 그들에 대해 행동하는 방식에도 영향을 끼친다는 것이다. 예를 들어

만약 그들이 계속 약속에 늦거나 합의된 결과를 만들어내는 데 실패하면, 나는 그들과 더 이상 거래하지 않는다.

책임의 궤도 주행하기

불행하게도, 우리는 대부분의 시간 동안, 우리를 바꾸려고 노력하기보다는 다른 사람을 우리 식대로 바꾸기 위해 노력한다. "난 네 아빠야. 내가 말하면 넌 무조건 순종해야 해.", "전 여기 책임자입니다. 당신은 무조건 제 지시를 따라야 합니다." 우리는 우리가 남에게 주려 하는 것 이상으로 다른 사람에게 받기를 기대한다. 우리는 먼저 우리 자신을 바꿈으로써가 아니라, 책임의 궤도를 거꾸로 주행함으로써 타인을 변화시키려 한다. 그러나 그것은 불가능하다. 우리가 이미 결론을 내렸다시피, 당신은 당신 자신의 태도와 행동만 책임질 수 있을 뿐이다. 다른 사람의 태도와 행동은 당신의 관할이 아니다. 다른 사람을 바꾸려면 우리의 행동변화를 먼저 그들에게 보여주어야 한다.

플로리다의 한 특급 호텔에서 세미나를 진행하고 있던 어느 날 밤, 나는 그 호텔 회장과 함께 호텔 복도를 걸어가고 있었다. 복도에 담배꽁초 하나가 떨어져 있는 것을 발견한 그는 "룸 메이드 하나를 불러 저걸 주우라고 해야겠어요."라고 하며, 전화를 걸기 위해 사무실로 향했다. 나는 꽁초를 얼른 주워 호주머니에 넣고선 그의 뒤를 따라 갔는데, 그는 벌써 수화기를 들고 지배인과 통화를 하고 있었다. "31호실 근처 복도에 담배꽁초가 하나 떨어져 있소. 즉시 사람 하나를 올려 보내도록 하세요." 바로 그 때, 난 그에게 담배꽁초를 보여줬고, 조금 민망해진 그는 지배인에게 이렇게 말했다. "아니, 그럴 필요 없겠소."

그가 전화를 끊고 난 후 나는, 회장으로서 당신은 호텔의 청결에 대해 룸 메이드보다 더 막중한 책임이 있다고 말해주었다. 그는 몸소 그 꽁초를 주웠어야 마땅했고, 꽁초를 그 자리에 둔 채 지배인에게 전화한 것은 분명 신중하지 못한 처사였다.

모델링은 힘든 일이다

대부분의 사람들은 책임의 궤도를 거꾸로 달리려고 애쓴다. 솔직히 말해 그렇게 하는 편이 더 쉽기 때문이다. 내가 직접 하는 것보다 다른 사람에게 그렇게 하라고 말하기가 더 쉽다. 내 방을 치우는 것보다 아이들에게 그들의 방을 치우라고 말하는 편이 더 쉽다. 총책임경영의 본보기가 되는 것은 쉬운 일이 아니다. 모델링은 멋있지도, 권력지향적이지도, 단시간에 가능한 일도 아니다. 그것은 회사의 책상을 재배치하거나, 설교문을 타이핑하는 것처럼 간단하지가 않다.

여러분은 책을 통해서 언행일치의 삶을 사는 인물을 발견했을 것이다. 우리의 행동은 보통 습관과 깊은 관련이 있는데, 이 습관은 일반적으로 어린 시절의 경험을 통해 자연스럽게 체득된 것이다. 당신은 지금 기질을 바꿀 수 있다고 생각하는가? 불가능하다. 그렇다면 행동은? 가능하다. 당신의 행동들이 하나하나 모인 것이 당신의 기질이다. 이것이 무엇을 이야기하는가? 당신이 지금 당장 행동을 바꾸려고 노력한다면 언젠가 당신의 기질 또한 변화할 것을 의미한다. 한번 해볼 만 하지 않은가?

모델링의 효과는 크다. 아는 사람 중 잡지 에디터가 한 명 있다. 마감 시간이 가까워진 어느 날, 그는 한 번도 만난 적이 없는 작가에게 기사를 다시 써줄 것을 부탁하기 위해 전화를 걸었다. 그 작가는 화를 내며 거절했다. 그는, 이유 여하를 막론하고 자기 기사에 손대면 잡지에 글을 싣지 않겠다고 으름장을 놓았다. 그 에디터는 잡지의 편집방향과 독자들의 눈높이를 위해서 약간의 수정은 불가피하다는 것을 차분하게 설명했다. 그는 타협안으로 그렇다면 작가가 직접 수정하면 어떻겠냐고 제의했다. 하지만 작가는 화를 내면서 거절하고 전화를 끊었다. 하지만 두 시간 후, 그 작가는 다시 에디터에게 전화를 걸어왔고, 유치한 행동을 보인 데 대해 사과를 했다. 그는 작가에게 "당신은 참 훌륭한 사람인 것 같다."라고 말한 뒤, 에디터의 지시를 충실히 따랐다. 이 에디터가 작가의 분노에 휘말려들지 않기로 선택했다는 점을 주목하라. 같이 화내면서 맞서는 대신 그는 침착하고 자신 있는 태도의 본을 보여주었다. 그는 제정신을 잃지 않았다. 그는 작가에게 어떻게 처신하라느니, 참으라느니 하는 말은 하지 않았다. 그래서 그는 자신이 뿌린 대로 거둔 것이다. 만약 그가 작가와 함께 화냈다면 어떤 일이 일어났을까? 그랬다면 작가가 다시 전화를 걸어 에디터에게 협력했을 것 같은가?

식당에 갈 일이 있다면 식당 직원에게 당신이 원하는 서비스가 무엇인지 본보기로 보여줘라. 식당에서는 흔히 다음과 같은 상황이 벌어진다. "안녕하세요. 제 이름은 앨프고요, 오늘 밤 손님의 담당 웨이터입니다." 하지만 그것이 마지막이다. 당신은 계산할 때에 돼야 다시 그 웨이터를 볼 수 있을 것이다. 난 서비스가 시원찮은 웨이터를 볼 때 마다 그에게 일이 힘드냐고 물어본다. 아니면 프런트에 가서, 오늘 밤 우리는 매우 여유로운 상태며, 여기서 즐거운 식사를 체험하고 싶다고 말한다. 또 내가 먼저 웨이터의 이름을 물어본 뒤, 여기서 일한 지 얼마나 됐으며, 오늘 저녁 별 일은 없었는지 등을 물어본다. 나는 그 웨이터에게 싹싹함, 그리고 '의식' 을 가지고 지금에 임하는 자세를 보인다. 그러면 그에 대한 답례로 거의 대부분 향상된 서비스를 제공받는다.

하지만 모델링이 항상 완벽한 효과를 보이는 것은 아니다. 내가 5명을 관리하는 매니저라면, 나는 스스로에게 동기를 부여함으로써 동기를 투사할 수 있다. 나는 동기를 부여할 만한 분위기를 만들 수 있다. 나는 일관성, 효율성, 존경, 눈 마주치기, 의식 있는 태도를 보여줄 수 있다. 그러나 나는 그 5명이 동기를 부여받도록 강요할 수는 없다. 나는 그들에게 자극을 받으라는 말도, 그러한 효과가 있으리라는 기대도 하지 못한다. 동기는 내적인 것이다. 그들은 스스로 동기를 부여해야 한다. 내가 할 수 있는 최선은 그들에게 동기부여의 귀중함을 알려주는 것뿐이다. 이에 일부는 응답할 것이고, 일부는 침묵할 것이다.

모델링이 언제 어디서나 효과를 발휘할 것이라 장담하지는 못한다. 하지만 최소한 다른 사람에게 당신이 원하는 본을 보여주지 않으면, 당신은 다른 사람이 그것의 본을 보여줄 것을 기대할 권리가 없을 뿐 아니라, 실제로 그들은 당신에게 반응하지 않을 것이다. 다른 사람들의 행동을 고치는 데 이보다 효과적이고, 지속가능한 방법은 없을 것이다.

인생이라는 게임

나는 당신과 다르지만
우리는 서로에게 얽힌 채로 태어났다.
– 도연명(陶淵明)

너와 나 사이를 건너는 다리의 6가지 유형

다음은 우리가 사람들과 관계를 맺는 6가지 유형을 고찰해본 것이다. 극단적인 도피에서부터 진심이라 불리는 가장 의식적인 단계까지 있다. 도피에서 진심으로 가기까지 각각의 과정은 갖가지 위험을 내포하고 있지만 그럴수록 보상도 크다. 차근차근 살펴보도록 하자.

도피

이는 현재로부터 벗어나려는 시도가 육체적 · 정신적으로 다양한 형태로 이루어지는 상태를 말하는데, 예컨대 치매, 자폐증, 정신분열증, 알코올중독 등이 그러한 도피의 극단적인 예다. 이쯤 되면 아티초크 잎사귀들은 거의 갑옷 수준이 된다. 도피의 가장 일반적인 형태는 TV를 보거나, 잠자거나, 몽상하는 것이다. 현재에 머물기 싫을 때, 벗어나고 싶을 때, 나는 잠을 잔다. 삶을 잘 다스리고 있다고 느낀다 해도 우리 모두는 가끔 그런 탈출을 원한다. 그러나 사람들은 삶 전체를 피하기 위해 잠을 자는 경우가 너무나 많다. 하루에 10시간, 12시간, 심지어 14시간을 자는 사람도 있다는 사실을 알고 있는가? 10대 청소년 자녀를 둔 사람은 잘 알 것이다. 그들의 잠은 끝도 없다. 내 할머니도 현재에 거하기를 즐겨하지 않으신다. 하루에 15시간을 주무신다. 밤에 12시간, 그리고 오후에 3시간. 이런 할머니의 삶은 아무런 위험이 존재하지 않는다.

나는 내가 기꺼이 삶에 참여할 마음, 결과보다 원인에 의거하여 일하겠다는 마음이 들 때는 정신을 또렷이 유지하고 싶기 때문에, 잠을 자는 데 많은 시간을 투자하지 않는다. 나는 삶의 경험들을 놓치고 싶지 않다. 왜 내가 그래야 한단 말인가? 나는 그 경험들을 선택한다. 만약 당신이 지금 하루에 7~9시간을 자고 있다면, 조금씩 수면시간을 줄이는 것이 필요하다. 잠을 덜 자는 것이 생각했던 것보다 좋은 일임을 곧 알게 될 것이다.

관례

만약 당신이 깨어 있는 사람이라면, 다른 사람들을 대할 때 수없이 많은 관례들과 마주치게 될 것이다. 관례란, 직장이나 사회생활을 하면서 겪게 되는 예상 가능한 무의식적인 경험들이다. 복도에서 누군가와 마주친다고 하자. "어이, 만나서 반가워. 어떻게 지내니? 언제 점심이나 하자고… 그래 또 보세." 이것이 하나의 관례인 이유는 첫째, 그를 만나는 게 반갑지 않다. 둘째, 그가 어떻게 지내든 관심이 없다. 셋째, 그와는 추호도 점심을 같이 먹고 싶은 의향이 없다. 넷째, 그와 다시 보고 싶지도 않다. 참 대단한 관례다!

상대방이 관례적인 말을 할 때, 그 사람의 '무의식' 을 일깨워주기에 가장 좋은 때라는 것을 기억하자. 다음번에 누가 당신에게 "안녕하세요, 담에 점심 같이 먹을래요?"라고 물어오는 사람이 있으면, "고맙지만, 안되겠는데요."라고 대답하라. 그러면 그 사람은 갑자기 정신이 번쩍 들 것이다. 만약 그게 너무 무뚝뚝한 대답 같다면, 당신이 흔히 쓰는 말을 사용하되 좀더 진심을 담아서 하라. 눈을 마주치고 정신을 가다듬고 말하라. "안녕, 어떻게 지내니?"라고 물을 때는 정말로 진심을 정말로 진심으로 묻는 것임을 보여주라.

관례적인 것은 우리의 언어습관에만 존재하지 않는다. 앞에서도 말했듯, 이제부턴 침대에서 늘 자던 쪽의 반대쪽에서 자고 식탁에서는 다른 자리에 앉아라! 관례를 깨부수라! 가족들끼리는 부주의하고 상투적인 행동을 하기 쉽다. 매일 밤 같은 시간에 같은 음식을 내놓는 지경까지 이르렀다. 회사가 관례적으로 굴러가고, 당신은 매일 같은 일을 같은 방식으로 한다. 회의할 거리가 있든 없든, 주간업무회의는 매주 월요일 정각 10시에 어김없이 열린다. 관례의 용도는 오직 하나다. 창의성과 독창성과 역동성을 말살하는 것이다. 다양성은 삶의 양념일 뿐 아니라 사람들을 깨어 있게 만드는데, 깨어 있는 사람들은 책임감을 가지게 된다.

우리를 의식 없는 사람으로 만드는 일상의 관례들을 뒤흔드는 독창
성과 창의성은, 당신이 전하고자 하는 행동의 본을 보이기 위해 첫번
째로 필요한 단계다. 당신이 관례를 깸으로써 정신을 차리게 된 사람
들은 당신에게 주목하게 될 것이며, 일단 당신에게 주목하면 그들은
원인에 의거하여 삶에 접근하는 태도를 몸소 보여주는 당신을 인지하
게 될 것이다.

활동

활동은 직장이나 가정에서 매일 무심코 하는 잡일이나 의례적인 일
들을 말한다. 식사준비, 집안청소, 회의참석, 보고서작성, 도로건설현
장에서 경고표시판 들고 있기 등이 그것이다. 자신의 일을 싫어하는
사람들은 보통 사무실에 도착하자마자 의식을 잃어버린다. 그리고 집
에 갈 때까지 그 상태를 유지한다.

시간 때우기

이러한 행동은 본질적인 관계로 들어가기 전에 일어나며, 관례보다
는 약간 깊이가 있다. 의사소통을 하기 위한 하나의 수단이지만 여전
히 의식적인 관계라고 볼 수는 없다. "전쟁 때 뭐하셨나요?", "어머,
머리 어디서 했어요?", "이거 어디서 샀어요?", "와, 차가 멋지네요.",
"어제 밤 야구 봤어요?", "앨범 한번 보실래요?" 등등.

난 어떤 파티에서 3명의 남자가 하는 행동을 지켜본 적이 있다. 3명
중 집의 주인이 입을 열었다. "새로 산 공구세트를 제가 보여드렸던가
요?", 다른 두 남자는, "네, 봤습니다.", 그러자 집주인은 "한 번 더 보

시겠어요?", "그러죠, 뭐." 그리고 세 남자는 지하실로 내려갔다. 이 것은 일상적인 시간 때우기의 전형이다. 상대방과 마주 대하고 있는 것이 주체하지 못할 만큼 지루할 때, 가끔씩 한담(閑談)한다면 그리 나 쁘지만은 않다. 하지만 당신이 계속 무의식 상태를 유지하고 싶은 게 아니라면, 좀 더 진실하고 본질적인 관계를 유지하고 싶다면, 그 사람 과 좀 더 진심어린 단계로 발전해야 한다.

게임

  직장에서나 가정에서 매일 우리는 게임을 하는 데 상당한 시간을 소비한다. 게임은 진심을 보이지 않기 위해, 위험을 피하기 위해, 자 신의 행동에 대한 책임을 면하기 위한 목적으로 사용된다. 그것은 바 로 책임궤도를 거꾸로 달리기 위한 시도다(이 말을 한 번 만에 이해하지 못한 사람은 216페이지에 있는 '책임의 궤도'라는 그림을 다시 한 번 꼼꼼히 살펴보라). 그러한 게임은 무의식적 습관들의 결과일 때가 많다. 그런 게임은 보통 참가자들에게 해로운 영향을 끼친다. 그 게임에 참가한 사람들은 다른 사람들을 나쁜 사람으로 만든다. 이 게임에 탁월한 재 능을 보이는 우수 선수 몇 명을 소개하겠다.

  "예산 수립과정에서 82센트가 빠졌어. 당장 찾아내!"라고 고함치는 상사, "자네 업무가 과중한거 이해하네, 하지만 이 보고서는 당장 마 무리해야 해. 정 못하겠다면 다른 사람을 찾아보든지."라고 떠넘기는 상사. "아무개 말로는 네가 … 했다며?"라고 시비 거는 동료. 하지만 이 정도는 약과다. 대놓고 죄를 추궁하는 형과 동정심을 구하는 형도 있다. "내 눈 밑에 상처자국 보이지? 어제 너랑 술만 마시지 않았다면 이렇게 되지 않았을 거야.”, “자네랑 같이 하던 업무에서 오늘 좀 빠져야겠네. 오늘은 기분이 별론데다가 차는 아침부터 고장이 났고, 애들은 학교에서 말썽만 피우고, 부장님은 만날 나만 보고 화를 내.”

당신은 이것들 중 어떤 게임을 즐겨하는가? 그러한 게임에 참가하지 않도록 하려면 어떻게 해야 하는가? 주변의 다른 사람들이 그런 게임에 참가하지 않도록 하려면 또 어떻게 해야 하는가? 그러한 게임들을 알아내고 저지하는 능력이 바로 주위를 변화시키기 위한 작은 출발점이다. 어떤 게임은 우리의 결혼생활이나 회사생활, 친구들과의 우정까지도 파괴하므로 항상 조심해야 한다.

진심

이 단계에 도착한 당신은 고도의 위험을 감수해야만 한다. 진심을 내보이려면 현재에 거해야 하고, 아티초크 잎사귀들을 벗겨 스스로를 드러내야 하고, 다른 사람과 내 감정을 시시때때로 공유해야 한다. 매사를 진지한 자세로 임하는 사람들은 충만한 경험을 만들어내고, 다른 사람을 있는 그대로 받아들이며, 두려움도 시기도 느끼지 않으며, 자신감과 따뜻함이 항상 넘쳐난다. 사랑이란, 상대방의 좋은 모습과 그렇지 못한 모습까지 받아들일 수 있게 넉넉한 마음의 공간을 준비하는 것이다. 그것은 각 사람을 있는 모습 그대로 받아들이는 것이다. 사랑은 질투하지 않는다. 질투는 영혼의 심술이라는 말이 있다. 사랑은 소유하는 것이 아니다. 누군가를 사랑한다는 것은 그 사람을 소유한다는 말이 아니다. 누군가를 질투할 때마다 당신은 스스로의 명예를 깎아내리고 있는 셈이다. 정녕 그렇게 되길 원하는가?

구조해주기

　당신 주위의 사람들이 제정신을 차리고 살길 바란다면, 지금 당장 그들을 위험에서 구조해주는 일을 중단하라. 일반적인 예를 하나 들어보자. 매 순간마다 우리는 아이들이 어려움에 처했을 때 그들을 도와주기에 혈안이 돼 있다. 그러나 이것 하나만은 기억하자. 당신은 자녀들에 대한 책임이 분명히 있지만, 그렇다고 자녀들이 책임져야 할 일에 대해서까지 책임이 있는 것이 아니다. 즉, 자녀가 당신의 차를 몰다가 누군가를 치었다면, 법적으로 책임을 져야 할 사람은 당신이다. 그러나 자녀도 사고에 대한 응분의 대가를 치러야 한다. 당신은 '부모의 입장에서 보기에 도저히 허락할 수 없고 책임질 수 없는 일을, 내 아이가 요구하거나 실제 행동하고 있지는 않은가?' 라고 늘 자문해봐야 한다.

　만약 당신의 아이가, 당신이라면 그렇게 하지 않을 어떤 일을 당신에게 해달라고 요구하고 있다면, 어떻게 해야 하겠는가? 그렇다면 당신은 자녀의 행동으로 인해 생길 수 있는 결과들을 자녀와 함께 정확하게 짚어봐야 한다. 그런데 여기까지가 당신의 임무다. 대부분의 부모들은 자녀들이 그것을 하거나 하지 않을 선택을 내리도록 만들 책임을 갖고 있다고 생각한다. 하지만 그것은 오히려 문제를 해결하지 못한다. 왜냐고? 우선, 당신은 그들이 아니기 때문이다. 당신은 아이들의 경험을 대신 겪을 수는 없다. 그들 대신 선택을 내려줄 수는 없다. 만약 그렇게 한다면 당신은 자녀들 문제를 대신 해결해주는 셈이다. 자녀들이 스스로 판단할 수 있도록 지켜봐주는 것은 그들이 성장하고, 성숙하고, 자립심을 배울 수 있게 돕는 길이다.

내 아들은 드럼을 사고 싶어 했다. 그러나 나는 내 아들이 금방 드럼을 싫증낼 것이라는 사실을 알고 있었다. 내가 그였다면 난 드럼을 사지 않았겠지만, 돈을 내는 쪽은 아들이었기에 난 아들에게 드럼을 사고 난 후의 결과들에 대해 자세히 설명해준 다음 드럼을 사도록 허락했다. 결과는 어땠겠는가? 드럼은 석 달을 채 넘기지 못하고 벽장에 처박혀 버리고 말았다. 이것이 바로 '학습'이다. 경험보다 더 빨리 그리고 더 확실히 배울 수 있는 길은 없다.

배우자가 자녀를 훈육할 때, 그 상황에서 아이를 건져주려 하지 말라. 하지만 당신의 배우자가 직장에서 좋지 않은 일을 겪고, 그 화풀이를 아이에게 하는 거라면 분명 잘못된 것이다. 신체적 학대가 동반된다면 더욱 심각한 문제다. 이때 당신은 무조건 배우자를 말려야 한다. 이는 마치 '아이가 정신을 차리고 다니지 않기 때문에 사고가 난다'라는 것을 증명하기 위해 아이를 차에 치이도록 내버려 두는 것에 다름 아니다. 학습은 '상식선'에서 이루어져야 한다.

자, 이제 복습할 시간이다. 먼저 당신은, 부모로서 아이들이 어떤 행동을 하지 않도록 또는 하도록 할 수 있는지 또 거기에 대해 책임이 있는지 따져봐야 할 것이다. 그리고 당신은 당신이라면 하지 않을 일을 아이들이 당신에게 요구하고 있는 것은 아닌지 역시 차분히 살펴봐야 할 것이다. 그것이 바로 부모가 취할 수 있는 선택권이다. 자녀의 요구에 대해 당신은 언제나 합의하지는 못할 것이다. 그러나 그러한 결정을 내리기 전에 당신은, 자신이 아이의 문제를 사실상 해결해준 것은 아닌지, 항상 염두에 두어야 한다. 역시 몇 가지 사례를 놓고 생각해보자.

- 옷 고르는 일은 늘 전쟁이다. 아이들에게 적절한 옷을 입히는 것이 부모의 책임이라는 데는 이견이 없을 것이다. 그러나 매번 어떤 옷을 입으라고 지정해주는 것도 과연 부모의 책임일까? 아이가 할로윈 때나 어울릴 법한 복장을 하고 학교에 가겠다고 나서는 경우를 당해보지 않은 부모는 아마 없을 것이다. 아이는 당신이 원하는 옷만 입어야 한다는 주장은, 당신 아이의 측면에서는 원하지 않는 옷을 입고 가라는 강요에 불과하다.

- 당신은 지금 여섯 살짜리 딸과 함께 상점에 있다. 아이는 심부름을 해서 1달러를 벌었고, 뭔가를 사고자 한다. 하지만 하룻밤만 지나면 망가질 게 뻔한 조잡한 장난감 하나를 고른다. 이럴 때 대부분의 부모는 "안 돼"라고 말하고 싶어 한다. 이것은 무엇을 의미하는가? 조잡한 장난감 따위를 사는 일은, 당신이 딸아이의 입장에서는 하지 않을 것이기에, 딸에게도 하지 말라고 강요하는 것이다. 하지만 당신은 당신의 딸이 아니다. 아이에게, 그 물건은 튼튼하지도 않고 오래 갈 것 같지 않으니, 다른 것을 사는 게 어떻겠냐고 일단 말을 해주라. 그래도 딸이 그것을 갖고 싶어 한다면, 사도록 내버려두라. 만약 산 물건이 망가지면, 딸은 이런 조잡한 장난감은 얼마 못 간다는 귀중한 교훈을 깨닫게 될 것이다.

많은 젊은이들이 선택의 자유를 원하지만, 그들은 선택에는 책임이 따른다는 사실은 자주 간과하곤 한다. 만약 아이들이 자라면서, 그러한 사실을 몸소 익혔다면, 이는 아이들이 자유를 누릴 권리를 획득했다는 뜻이고, 당신은 이제 그 권리를 그들에게 위임해야 한다. 만약 자녀가 자신에게 부여된 신뢰와 책임을 남용하고 악용한다면 당신은 다시 그 권리를 거둬들이면 된다. 이상하게도 부모들 중에서는, 자녀에게 책임감을 가질 것을 계속 고집하면 자녀들이 아이다운 순수성을 잃어버린다고 생각하는 경향이 있다. 아이로서 누려야 할 즐거움을 만끽함과 동시에 스스로 책임지는 것이 왜 불가능하단 말인가?

구조의 삼각 구도

당신이 구조하지 말아야 할 대상은 비단 아이들뿐만이 아니다. 우리는 종종 곤경에 빠진 어른들도 구조해주곤 한다. 우리는 그들 스스로 문제를 해결하도록 놔두지 못하고 어떻게 해서든 구조해주려 애쓴다. 우리는 친구가 다른 친구를 어떻게 생각하는지에 대해서도 걱정한다. 다른 사람을 구조해준다는 것은 그리 거창한 뜻이 아니다. 실제로는 업무실력이 형편없었던 직원에게 칭찬이 가득 담긴 추천서를 써주어야 하는 것처럼, 단순하면서도 자주 일어나는 일이다. 본질적으로 누군가를 구조해준다는 것은 우리가 그 사람의 감정과 행동에 대한 책임을 지려 한다는 것이다. 하지만 우리가 이미 배운 바에 의하면 오직 본인만이 자신의 행동에 책임을 질 수 있기 때문에, 남을 구조해준다는 것은 애당초 불가능한 얘기다.

구조해주기의 예를 보고 싶다면 '구조의 삼각구도(Rescue Triangle)'

을 보라. 사람들은 자주, 때로는 거의 동시에 화살표 방향으로 각 역할들을 전환할 수 있음에 주목하라. 부모들은 아이가 과업을 수행하지 못해 어려움을 겪고 있을 때는 구조자로서 개입할 것이다. 아이는 종종 "내가 할 거야."라는 말로 그 도움을 물리칠 것이다. 거절당했다고 느낀 부모는 희생자가 되어 아이에게 이렇게 윽박지를 게다. "넌 어떻게 고마운 줄을 모르니, 그저 널 도우려는 거잖니!"

영 존은 작년에 대학을 졸업한 후 뉴욕의 한 대기업에 입사해 근무해오고 있는데 지금 부모님을 뵈러 고향집에 와 있다. 집에 오던 첫날 그는 아버지에게 이렇게 말한다. "아버지, 저 막 중요한 결정을 내렸어요. 처음으로 주식에 투자했어요."

"아, 잘했구나. 어디 주식이니?"

"시그널 코포레이션 *Signal Corporation* 이라는 신생 기업이에요. 분석해 본 결과 포트폴리오를 개발하기에 꽤 괜찮은 회사더라고요."

"정말 잘됐구나. 돈은 어디서 났니? 회사 다닌 지도 얼마 안 됐잖아."

"할머니가 내 몫으로 남겨주신 돈을 다 찾아 투자했어요."

"뭐가 어째!" 존의 아버지는 의자에서 벌떡 일어난다. "지금 제 정신이야?"

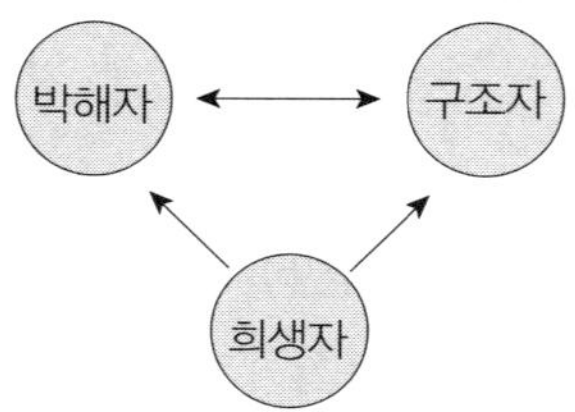

[구조의 삼각구도]

이 때, 아버지는 박해자가 되고 아들은 희생자가 된다. 이 때 구조자가 행주를 손에 든 채 주방에서 달려 나온다. "여보, 애한테 그렇게 말할 필요 없잖아요. 다 큰 어른이니 스스로 결정하게 해요."

이 말을 들은 아들이 어머니를 향해 말한다. "어머니는 제발 좀 끼어들지 마세요. 남자 대 남자로서 아버지와 단둘이 이야기하고 싶어요."

상황은 역전되어 존이 박해자가 되고 어머니가 희생자가 된다.

"어머니한테 그게 무슨 말버릇이야!" 이제 아버지가 구조자다.

'구조' 라는 말이 원래 뜻 그대로 사용되는 상황을 한번 살펴보자. 물에 빠진 사람을 '구조' 하는 경우라 치자. 둥둥 떠내려가는 자신의 집을 보며 그 저주받은 장소에 또 다시 집을 짓겠다고 이를 갈며 맹세하는 이재민을 보았을 것이다. 다음 번 또 그 마을에 홍수가 불어 닥치면, 우리는 또 그들을 구조해야 하는가? 같은 장소에 또 집을 신축하도록 저금리 융자를 제공하면서? 그것은 자신의 행위에 대한 책임을 다른 사람에게 돌리는, 다른 사람이 문제를 해결해줄 것이라는 통념을 영속시키는 구조행위가 아닐까?

헬멧을 착용하지 않은 오토바이 운전자, 안전벨트를 착용하지 않은 자동차 탑승자는 또 어떤가? 그들은 헬멧 또는 안전벨트를 착용하지 않을 자유가 있다고, 국가가 개인의 자유를 억압한다고 강력하게 부르짖지만, 정작 사고가 나서 중상을 입고나면 태도가 돌변한다. 그들은 국민이 낸 보험료로, 혹은 세금으로 지어진 국립병원을 이용할 것을 기대한다. 그런 사람들은 자신의 행동이 초래한 결과와 스스로에 대해 책임지지 않은 잘못을 깨달을 수 있도록 해야 한다. 다시 말해,

헬멧이나 안전벨트를 착용하지 않았다면 그들이 모든 병원비를 지불해야 한다는 것이다.

구조는 빈민이나 이재민에게만 해당되는 말이 아니다. 우리는 그동안 수많은 기업, 농민, 은행, 그리고 정치적인 영향력이나 정당한 ‘구실’을 갖춘 대상이면 무엇이건 구제해왔다(가령, 매번 보조금을 지원하거나 부채한도를 늘려주는 식으로).

사람들이 스스로 궁지에 몰아넣을 때마다 매번 그들을 구조해주는 일은 이제 그만두어야 한다. 총책임경영 원칙에 따르면, 아무도 영원한 희생자일 수 없다. 모든 사람은 선택에 근거하여 지금 위치에 있게 된 것이다. 매 맞고 사는 아내들(다른 선택을 할 수 있음에도 불구하고 매 맞는 환경에 안주하는 사람들로 범위를 국한하자), 노숙자들도 따지고 보면 다 마찬가지다.

실직자 혹은 집세를 낼 수 없어 집에서 쫓겨난 친구가 있다고 가정해보자. 달리 갈 데도 없고 다른 대안도 없다고 생각하기 때문에 그는 3개월 간격으로 당신 집에 찾아와 머물곤 한다. 당연히 그는 자신의 상황을 경제 불황의 장기화와 고용주의 부도덕성, 치사한 집주인의 탓으로 돌린다. 자기 자신 말고는 모든 사람이 죄인이다. 그 친구와는 콩 한쪽도 나눠먹는 사이가 아니던가? 그래서 당신은 매번 그를 구제해준다.

하지만 이제 그만하라. 당신은 오직 당신이 한 행위에만 완전한 책임이 있다는 사실을 기억하라. 그러니 친구의 행동까지 책임지려는 노력은 중단하라. 다음번에 당신의 친구가 해고당할 때나 길거리로 나앉을 때 이렇게 말해주라. “네 문제에 대해서는 네가 책임지길 바래."라고. 그래서 그 친구에게 자신의 책임을 통감하게 하라. 만약 나중에 그가 다시 당신 집 문을 두드린다 하더라도, 그 태도를 고수하라(당신의 친구는 처음에는 아마 그 사실을 믿으려 하지 않을 것이다).

너무 냉정하다고 생각하는가? 아니다. 친구를 잃을 위험도 감수하는 것이 아니냐고? 그럴지도 모른다. 아마 그는 욕할 때 말고는 당신과 말도 하지 않으려 할지도 모른다. 그래도 좋은 친구는 구조자가 되면 절대 안 된다.

이러한 방식을 처음으로 제시한 곳은 '터프러브 *ToughLove*' 라는 단체였다. 터프러브는 자녀를 바르게 훈육할 수 있는 통제력을 상실한 부모들을 돕기 위해 세워진 단체다. 자녀가 마약소지 혐의로 체포되었을 때, 터프러브의 해결책을 한번 살펴보자. 그 아이는 학교에서 수없이 문제아로 낙인찍히고, 마약 때문에 말썽도 많이 부렸을 것이다. 아이는 자신을 보석으로 빼내달라고 부모에게 요구한다. 이런 아이의 요구를 부모는 지금까지 받아들였던 것이다. 그러나 이번에 부모는 그 요구를 거절한다. 일반적으로 이런 경우, 그 아이(희생자)에게만 충격일 뿐 아니라, 경찰(박해자)에게도 충격으로 다가온다. 자식을 감옥에 그냥 처박아두겠다는 그 부모의 선택은 많은 사람들을 당혹하게 한다. 하지만 터프러브의 부모들은 지금이 구조하기를 멈출 최적기라는 사실을 알고 있다. 자녀를 보석으로 석방해줄 때, 죄를 감하거나 감추기 위해 노력할 때, 그 부모는 자녀가 자신이 저지른 행동의 결과와 직면하는 것을 방해하고 있다는 것을 알아야 한다. 자녀를 구조해주는 것은 자신에게 닥친 모든 일들에 대한 잘못이 다른 사람들, 예

컨대 경찰, 교사, 다른 학생들 등에 있다는 아이의 믿음을 강화시켜주
는 꼴밖에 안 된다.

사실, 터프러브의 부모들이 취하는 방식에 고뇌와 고통이 따르지
않을 수 없다. 이것 때문에 대다수의 부모들은 자녀들이 갓난아기일
때부터 구조해주기를 일삼는다. 동생과 싸움이 벌어져도 부모가 끼어
든다. 아이가 학교에서 늦으면 숙제를 대신해준다. 가게에서 몰래 훔
친 장난감 값을 대신 지불한다. 빚도 대신 갚아준다. 우리가 구조행위
를 중단하는 것은 힘든 일이지만, 힘들다고 포기해서는 안 된다. 당신
의 아이를 책임감 있는 사람으로 만들기 위해서는, 그래서 아이가 자
신의 지금을 충만하게 영위하게 하기 위해서는….

Chapter 16

그렇긴 하지만…

사람들 간에 불신이 깊을수록 솔직해지기란 어려운 법이지만,
그만큼 솔직해져야 할 필요성은 훨씬 더 커진다.
– 로버트 호튼 *Robert Horton*

효율적인 자기 관리를 하기 위해서는 먼저 제대로 의사소통하는 법을 배워야 한다. 효과적인 의사소통을 할 수 있어야, 의사소통의 실패를 줄이고, 결과보다는 원인에 의한 삶을 살아가게 될 것이다. 사람들은 끊임없이 "우리 도대체 말이 통하지 않아요."라고 불평한다. 기업은 원활하지 못한 의사소통 때문에 많은 손실을 보고 있다. 부부도 서로 의사소통이 되지 않기에 결혼생활은 순탄치 못한다. 부모들은 아이들이 도대체 말을 알아듣지 못한다며 투덜거린다.

우리가 이렇듯 자주 의사소통이 원활하지 않게 되는 이유는 무엇일까? 그것은 우리가 하는 말이 다른 사람을 이해하고 있는 그대로 받아

들이는 데 필요한 언어가 아니라, 오직 우리가 믿는 바를 상대방도 믿
도록 만들려는 태도에서 비롯된 언어이기 때문이다. 우리가 상대방의
입장에 처했다면 당연히 했어야 할 일을 그들은 하지 않았기에, 우리
는 끊임없이 그들에게 분노하고 질책한다. 당신이 생각하는 목표치에
아이들을 끼워 맞추려고 노력하기 때문에 자녀들에게 화를 낸다. 우
리는 아이들이 실수를 저질렀을 때 그들을 구조하고 싶어한다. 상사
와 동료들을 나쁜 사람으로 만든다. 그들이 우리를 알아주지 않거나
이해해주지 않으면 우리는 분노한다. 그들은 우리에게 마음을 열고
있지 않다. 양측 모두 자기가 옳아야 한다는 필요성에 초점을 맞추고
있다. 서비스업이나 수리업, 판매업 종사자들을 대할 때 우리는, 그들
이 우리가 원하는 방식으로 우리를 대하고 있지 않기 때문에 화가 난
다. 그들의 일솜씨와 기준과 행동은 우리의 '높은' 기준을 만족시키
지 못한다. 그러나 이와 같은 모든 상황들이 가지는 문제의 원인이
'원활하지 못한 의사소통' 이 아니다. 원활하지 못한 의사소통은 그러
한 문제가 생겼을 때 보이는 증상에 불과하다. 우리가 진짜 말하고 싶
어 하는 것은 "나는 다른 사람의 방식을 도저히 이해할 수 없어요. 나
는 내가 정한 기준과 가치대로 행동하는 것이 옳다고 생각해요."라는
말이다.

우리가 하는 의사소통의 다수는 우리 자신의 일에 대해서가 아닌
다른 사람에 대한 일을 말하려는 시도다. "무책임한 사람은 당신이에
요.", "내가 신경 안 쓴다고 당신은 생각하나보죠?", "맙소사, 네가 그
걸 망쳤구나.", "왜 이렇게 바보 같은 일을 저질렀니?"

그래도 우리는 우리가 총책임경영 원칙을 받아들인다면 다른 사람

의 일을 두고 이러쿵저러쿵할 수 없다는 것을 안다. 우리는 자신의 경험과, 다른 사람이나 다른 사건에 대해 가진 느낌만 말할 수 있을 뿐이다. "내가 가기 싫어하는 거 너 알지?"와 "나는 가기 싫어."라고 말하는 것에는 분명한 차이가 있다.

효과적인 의사소통은 자신의 경험을 완전하게 표현하는 능력이며, 다른 사람의 경험을 경청하고 이해하는 능력이다. 효과적인 의사소통은 비효율적이고 가식적이고 일방적이고 불충분한 의사소통과는 반대로, 사람들로 하여금 스스로 선택하는 존재가 되게 함으로써 삶을 보다 충만하게 살 수 있도록 한다.

우리는 사람들과 효율적이고 일치된 이해관계를 설정해야 한다. 상대방과 당신이 근본적으로 하나의 공동체라는 사실을 서로 이해한다면, 상대방이 생각하고 느끼는 방식을 당신이 진정으로 존중한다면, 당신은 상대방의 차이점을 이해하고 존중할 수 있는 고도의 단계에 진입할 수 있을 것이다. 반대로 내가 절대로 옳다는 확신을 굽이지 않은 채 상대방을 대한다면, 그래서 나의 그 '옳은' 길로 상대를 전향시키길 원한다면, 효과적인 의사소통은 이미 물 건너간 이야기가 된다.

당신과 나

이 장 초반에서 내가 언급했듯, 의사소통이 실패하는 이유는 우리가 '나' 대신 '너'의 이야기를 하기 때문이다. 다음과 같은 대화를 많이 들어봤을 것이다.

● **부모가 십대청소년 자녀에게**

"안 돼, 너 봄방학 때 플로리다에 못 가."

"하지만 샬로트는 간다는데요. 왜 나는 못 가게 해요? 안 된다고 말하실 줄 알았어요. 엄마는 내가 아무 것도 못하게 해요!"

"넌 너무 어리고 게다가 책임감이 없어. 내가 어떻게 널 믿고 거기에 보내겠니? 게다가 거기에는 술과 마약이 널려 있는 걸."

● **부서장이 담당자에게**

"자네 지금 이걸 보고서라고 써온 거야? 지각률을 줄이기 위해 자네가 제시한 대안은 지금까지 내가 본 대안 중에 가장 황당하네."

"부장님, 평소에 이 문제에 관심을 가져본 적이 있습니까? 부장님은 이들과 직접 상대하는 당사자가 아니잖아요."

● **아내가 남편에게**

"맙소사, 지난 밤 파티 때 당신 얼마나 바보짓을 했는지 알아요? 취해서 비틀거리는 당신은 모습은 마치…!"

"아, 그래! 딱 늙은 굼벵이라고 말이지."

다른 사람의 일을 가지고 즉, '너는~' 이라는 말로 대화를 시작할 때, 당신은 이미 그들의 경험이 가진 가치를 부정하는 것이다. 당신은 그들의 일을 빌미로 무의식 전투기를 이륙시키는 것이다. 그들은 나쁘고 당신은 옳은 사람으로 만들려는 것이다.

조직에서든 아니면 결혼생활에서든 그러한 의사소통은 거의 재앙에 가깝다고 봐야 한다. 만약 관리자들이 직원들에게 윽박지르고 무시한다면, 그 직원들은 방어적이며, 자신감이 없어지며, 협동성이 떨어지며, 열정이 줄어들며, 창의성을 발휘하지 못하게 될 가능성이 커진다. 직원들은 그들의 생각을 다른 사람들과 나누는 일을 중단하게 될 것이다. 성장과 발전을 촉진시키고, 관리와 계획에 힘쓰며, 문제에 대한 창의적인 해결책을 제시하는 대신, 그런 조직은 갈등, 긴장 그리고 생산성 저하 같은 문제를 해결하는 데 시간과 노력을 쏟아 붓게 될 것이다.

당신은 눈치 채지 못할지도 모르지만, '너'라는 말을 자주 사용한다는 뜻은, 다른 사람에게 나의 자신감, 나의 완벽함을 과시하는 것에 불과하다. 그러므로 당신은 상대방과의 의사소통 시 '너'라는 말을 자제해야 함은 물론이며, 단정적이거나 상대방을 폄하하는 듯한 말도 삼가야 한다.

이러한 몇 가지 규칙을 가지고 앞에 대화를 다시 각색해보자.

● **부모가 십대청소년 자녀에게**

"이번 봄 방학 때 플로리다로 여행가기로 결정했다면서. 왜 가고 싶은 건지 엄마한테 말해 줄 수 있니?"

"이번에 내 친구들과 가기로 했거든요. 이미 다녀와본 애들 말로도 정말 재밌대요."

"물론 플로리다는 흥미진진한 곳이지. 엄마도 몇 번 가봤거든. 하지만 내가 걱정하는 건, 봄방학은 대학생들 때문에 있는 거지, 16세짜리를 위해 있는 건 아니라는 점이란다. 정말 위험할 수 있거든."

"저도 그 정도는 스스로 통제할 책임감은 있다고요."

"물론 나도 알아. 그래서 엄만 내가 원한다면 언젠가는 널 거길 보낼 생각이야. 그저 올해는 아닌 것 같아서 그런단다. 다른 장소로 가면 어떻겠니?"

● **부서장이 담당자에게**

"지각을 줄이기 위해 자네가 제시한 이 방식에 대해 난 별로 확신이 서지 않아. 자네는 이게 실행 가능할 것 같은가?"

"네. 다른 많은 방법들을 생각해봤지만 이게 제일 괜찮을 것 같습니다."

"음… 참, 자네. 다른 아이디어도 몇 가지 있다고 했지? 그 중 제일 괜찮다고 생각하는 아이디어 3가지를 정리해 내일 다시 보고해줄 수 있겠는가?"

● **아내가 남편에게**

"나 지난 밤 정말 화났어요. 당신 어제 지나치게 술을 많이 마신 거 같아요. 그래서 지금까지도 화가 풀리지 않았어요."

"미안해. 그렇지만 난 어제 당신이 그렇게 염려할 만큼 술을 많이 마시지 않았어. 지붕 위에 올라가서 달 보며 고함지른 건 분명 부끄러운 일이었어. 근데 나 말고 7명이 더 그랬는걸 뭐."

'너'를 '나'로 바꾸니 어떤 일이 일어났는가? 우리는 지금 전혀 새로운 인물의 대화를 바꾼 것이 아니다. 위의 대화에 나오는 십대 자녀는 여전히 봄방학에 플로리다로 여행을 가고 싶어 하며, 직원은 여전히 자기의 보고서가 훌륭하다고 믿고 있으며, 남편은 여전히 자신의 잘못을 완전히 인정하지 않고 있다.

하지만 그들은 서로를 부정하는 태도, 다른 사람을 조종하려는 태도를 보이지 않았다. 게다가 그들은 대화 중에 다른 사람을 깎아내리지 않았다. 그들은 다른 사람을 '나쁜' 사람으로 만들려 하지도 않았다. 그들은 타협의 여지를 남겼다. 그들은 다른 사람의 존엄성과 고유성을 인정해주었다. 이렇듯, 우리가 다른 사람이 될 수 없다는 사실을 깨달을 때, 자기의 생각과 다른 사람의 생각이 같지 않다는 것을 인정할 때, 비록 의견의 일치가 이루어지지 않더라도 다른 사람의 특성을 존중할 수가 있는 것이다. 비록 동의하지는 않더라도 존경을 보임으로써, 당신은 존경을 되돌려 받을 수 있게 될 것이다. 동의하든 안하든 결국은 어쩔 수 없이 당신의 결정을 받아들여야 하는 자녀나 부하직원의 경우라 하더라도, 당신이 그들의 의견을 존중해 주었다는 사실만으로도 앞으로의 관계는 보다 친밀해질 것이다. 만약 자녀나 직원이, 친구나 동료가 자신의 행동과 태도에 지금보다 더 책임을 지는 사람이 되길 원한다면, 그들의 견해를 이해하는 데 초점을 맞춰라. 그리고 당신이 그들을 존중하고 있다는 사실을 느끼게 하라.

그렇긴 하지만…

"그렇긴 하지만…"은 '너'라는 말의 친척뻘쯤 된다. 그리고 이 말의 친구들은 "뭐, 그렇지만…", "안돼, 하지만…", "물론, 그렇지만…" 등등 헤아릴 수 없이 많다. 상사와 부하 간의 대화에서 부하는 "그렇긴 하지만…"이라는 대답을 많이 한다. 이 말은 다른 화자의 경험을 부인하는 용도로 사용된다. 그것은 시시비비를 따지는 데 적합한 접근방식이다. 그럴 때 무의식 전투기가 이륙하기 시작한다. 이로 인해 벌어질 부정적인 결과는 굳이 설명을 하지 않아도 짐작할 것이다. 하루 동안 자기 자신이 하는 말을 곰곰이 되새겨보라. 자신의 입에서 나오는 말을 차치하더라도, 얼마나 많은 대화가 "그렇긴 하지만…."으로 이루어지는 한번 느껴보라.

나는 '하지만' 이란 말을 '그리고' 라는 말로 대체하길 좋아한다. '나' 라는 말처럼, '그리고' 역시 다른 사람이 한 말에 덧붙여지는 것이다. 사람들이 내게 "테드, KAL007기에 탔던 사람들이 죽음을 선택했다는 당신의 주장은 도저히 납득가질 않아요."라는 말을 던진다면, 나도 의식을 하지 않는다면, "그렇긴 하지만…."이라는 말을 서슴없이 할 것이다. 하지만 난 의식적으로 이렇게 응수한다. "당신의 생각을 알려줘서 감사합니다. 왜 그런 느낌을 받으셨는지, 충분히 이해합니다. 제 세미나에서도 선생님과 같은 반응을 보이는 분이 많더군요. 제 경험으로 봤을 때, 우리 모두…." 그러는 동안, 반대의견을 제시한 상대방은 안절부절 못하고 있다. '테드, 어서 싸우잔 말이에요.'

'너' 와 "그렇긴 하지만…."을 피해야 하는 것은 태극(太極)이라 불리는 고대 선(禪)의 원칙과도 부합하는 것이다. 태극이라는 것은 다른 사람의 반대의견도 인정한다는 뜻이다. 당신이 다른 사람의 반대의견을 인정하면, 그 사람이 당신에게 쏟아 부으려고 벼르고 있던 에너지는 어쩔 수 없이 사라져버릴 수밖에 없다. 내 아내 도로시는 이 이론의 달인이다. 펄펄 뛰며 고함을 지르는 나를 향해, 그녀는 이렇게 말한다. "당신은 지금 화가 난 상태에요. 그리고 무의식 상태인데다가,

무의식 전투기까지 몰고 싶어 하는군요. 같이 탑승하자는 제의는 고맙지만, 전 사양할게요." 김이 새버린 나는 자리를 멋쩍게 떠난다. 아내의 승리다.

당신은 시시비비 게임을 절대 혼자서 할 수 없다. 자신의 감정에 책임을 지는 것은 매우 강력한 힘이다. 상대방이 쳐놓은 미끼에 말려들기를 거절하는 당신의 모습에 상대방은 전의를 상실할 것이다. 그는 아마도 당신이 "그렇긴 하지만…."이라는 무기를 가지고 게임에 뛰어들길 바라고 있었을 것이다.

솔직하게 말해서

솔직하게 말하기는 당신이 진실을 느낄 때 그 진실을 책임감 있게 전달할 수 있는 방법이다. 솔직하게 말하기의 목적은 상대방을 이해하는 것이다. 솔직하게 말하는 사람은 주위 사람들에게 신뢰를 받는다. 그것은 사람들 자신에 초점을 맞추는 것이 아니라, 그들의 수행과 행동상의 문제에 집중한다. 그것은 문제와 행동을 교정할 기회를 만드는 데 주력한다. 그것은 수동성과 편협함 대신 제안을 이끌어내고, 아이디어를 쏟아내며, 상상력과 창의력을 자극시킨다. 적절하게 사용한다면, 솔직하게 말하기를 통해 불신의 벽을 허물고 신뢰를 구축할 수 있다.

내뱉기는 진실을 무책임하게 전달하는 행위다. 그것은 생각의 사다리 아래로 떨어지는 것이다. 일반적으로 내뱉기는 '너', '당신', '자네’라는 말로 시작된다. 가령, 직장 동료에게 “자네, 또 다시 그런 헛소리를 하려면 아예 회의에 들어오지도 말게.”라고 말하거나, 산타클로스가 진짜 있냐고 묻는 아이에게 매몰차게 “없어, 그건 어리석고 유치한 믿음이란다.” 등의 말은 내뱉기의 한 예라 할 수 있다.

내뱉기는 상대방의 자질을 시비하는 것이다. “내 새 옷 어때요?”라는 물음에 “나 같으면 발싸개로도 안 써먹겠다.”라고 대답하는 것같이 상대방의 감정을 상하게 만드는 것이 내뱉기의 목적이다. 반면 솔직하게 말하기는, 먼저 크리스마스의 참 뜻에 대해 아이에게 일러준 뒤, 아이가 “굴뚝으로 들어와서 선물을 나눠주는 사람이 정말 있어요?”라고 물어보면 “아니, 산타클로스는 우리 눈에 보이는 존재가 아니란다. 하지만 산타클로스는 우리 마음에 존재하고 있단다.”라고 부드럽고 자상하게 말해주는 것이다.

솔직하게 말하기는 연습과 결단력이 필요한 기술이지만 가장 효과적이고 강력한 의사소통 수단이 될 수 있다. 이제 솔직하게 말하기가 위력을 발휘하게 만들 수 있는 방법들을 제안한다.

스스로를 들여다보라

효과적인 의사소통을 위해서 해야 할 일은, 이 책에서 자주 다루었다시피 스스로를 들여다보는 것이다. 하나하나 살펴보자.

● 당신을 감싸고 있는 잎사귀가 보이는가?

잎사귀들이 당신을 온통 뒤덮고 있다면, 당신은 어느 누구에게도 솔직해질 수 없다. 따라서 다른 사람들을 향해 마음을 활짝 여는 일이 얼마나 중요한지도 배울 수 없다. 그 잎사귀를 벗겨내는 것은 여러분에게 어쩌면 심각한 위험일지도 모른다. 하지만 당신이 자꾸 당신 자신을 감춘다면 당신은 절대 상대방과의 진실한 관계를 맺을 수 없다. 당신이 마음을 열지 않고 있음을 알아챈 상대방은, 당신에게도 마음을 열어 보이지 않을 것이다.

● 막힌 튜브는 의사소통을 더디게 한다

거짓말은 당신이 다른 사람을 솔직하게 대하지 못하도록 만든다. 거짓말은 크게 우리가 스스로에게 하는 거짓말(나태함에 대한 거짓말)과, 다른 사람에게 하는 거짓말(임무에 대한 거짓말)이 있다. 남편이 저지른 일 때문에 화가 났지만, 남편의 감정을 상하게 하기가 두려워 당신은 거짓말을 했다. 이 때문에 남편은 자신의 잘못을 깨달을 수 없게 되고, 장기적으로 부부관계를 망치게 된다.

● 효과적인 의사소통은 양방향으로 이루어진다

당신은 자신의 생각과 감정을 표현할 뿐 아니라, 다른 사람의 의견도 경청해야 한다. 다른 사람의 말에 귀를 기울여라. 상대방의 눈을 보면서 문제의 절박함을 알려라. 일방 혹은 양방 모두가 무의식 상태일 때는 충분한 이해가 불가능해진다(15장, '인생이라는 게임'을 참조하시라). 상대방과 대화 중, 당신의 야마 야마가 시속 100킬로미터로 달린 적이 없는가? 당신은 상대방이 해야 하는 말보다 자신이 해야 할 말이 훨씬 더 중요하다고 믿는다.

● **사람 말고 문제를 검토하라**

부모들은 걸핏하면 아이에게 이런 말을 한다. "방이 완전 난장판이구나. 좀 깨끗하게 정리해놓지 못하겠니?" 이 때 부모는 '너'라는 말을 쓰고 문제에 초점을 맞추면서 그 아이를 공격하고 있다. 효과적인 대화가 되려면, "엄마는 네 방이 깨끗이 정리되어 있으면 참 기분이 좋단다. 엄마랑 같이 좀 치워볼래?"라고 해야 한다. 이렇게 말함으로써 부모는 현 상황의 긴급성을 부드럽게 전달했으며, 아이가 아닌 해결책에 초점을 맞추었다. 이 아이를 문제의 원인이 아닌 해결책의 일부로 생각한 것이다.

● **평가하지 말고 설명하라**

당신이 어떤 회사의 관리자라고 하자. 월터는 연륜도 있고 신망이 두터운 직원이지만 최근 당신의 기대에 못 미치는 업적을 보였다. 보통의 경우 이럴 때 월터에게 하는 충고는 "월터, 요새 자네한테 계속 실망이네."이리라. 하지만 그렇게 말하는 것은 월터의 업적이 아닌 월터 자체를 공격하는 것임을 주목하라. 자존심을 건드렸다고 느끼는 월터는 방어적이 되기 마련이다. 보다 건설적인 접근법은 "월터, 최근 느낀 거네만 자네 사무실에 갈 때마다 자리에 없던 적이 많았네. 회의에도 자주 지각하고 옷차림도 단정치 못해. 이 일들을 어떻게 생각하는지 말해주겠나? 자네가 그랬다는 걸 자네는 알고는 있나? 어떻게 생각하나?"
이제 당신은 월터를 표적으로 하는 대신 월터의 행위를 따져보고 있다. 당신은 인간 월터와, 월터가 보여준 행동을 분리하고 있는 것이다. 당신은 얼토당토않은 문제를 시비 삼고 있는 게 아니다. 당신은 같은 인간으로서의 월터와 그가 가진 잠재력을 계속 사랑할 것이라는 의사를 전달하고 있는 것이다. 월터는 계속 완벽한 개인으로 남을 것이다. 실제로 그는 항상 그래왔던 것처럼 의지하고 믿을 만한 직원이다. 그러나 관리자로서 당신이 아직 모르는 이유들로 인해, 그의 근무 행동의 여러 면면은 기대에 미치지 못하고 있다. 월터가 아닌 월터의 행동을 고찰함으로써 당신은 그의 변화가능성을 높였다.

● 사랑과 존경을 나누어라

어린이건 회사 직원이건 친구건 대부분의 사람들은, 돈과 권력보다는 존경, 자율, 인정, 정서적 안정감을 원한다. 사랑과 존경은 말이 아닌 행동에 바탕을 둔 것이다. 당신은 항상 그 본보기를 보여야 한다. 대부분의 사람들은 비난을 개인의 명예를 훼손하는 차원으로 받아들이기 때문에, 솔직하게 말하기는 힘든 일이다. 잘못했다고 비난당할 때 아이들이 이렇게 대꾸하는 걸 많이 들었을 것이다. "엄마는 날 사랑하지 않아. 나 미워하는 거지!" 자니가 옆집 아이를 때리고 들어오면 부모는 "자니, 넌 나쁜 아이야." 혹은 "또 그러면 빌리는 널 싫어할 거야."라는 말로 야단치기 일쑤다. 하지만 자니는 나쁜 아이가 아니다. 자니는 나쁜 짓을 한 아이일 뿐이다. 나쁜 것은 자니라는 사람이 아니라 그가 한 행동이다. 그러한 구분을 확실히 하는 것이 솔직하게 말하기와 내뱉기의 중요한 차이점이다.

● 솔직하게 말하기는 특정한 사례가 뒷받침되어야 한다

다른 사람과 솔직한 대화를 나누기 위해 자리에 앉기 전에, 먼저 메모를 준비하라. 이 메모는 다른 사람이 관찰하거나 다른 사람이 들은 내용이 아닌, 당신이 관찰해온 특정사건이나 특정일에 초점을 맞춘 것이라야 한다. 그리고 그런 일이 있은 후 가능한 한 빨리 당신이 관찰한 바를 알리도록 하라. "애야, 여섯 달 전에 네가 한 행동은 정말 마음에 들지 않는구나." 식의 말은 효과적인 접근이라고 할 수 없다.

● **좋다/나쁘다는 등의 이분법적인 언어는 피해라**

상대방을 '나쁜' 사람으로, 자신을 '좋은' 사람으로 만들지 말라. 누가 옳고 그른지, 승자이고 패자인지, 유죄이고 무죄인지를 가리기 위해서만 대화에 임할 때가 너무나 많다. 사람들은 마치 하버드대학과 예일대학 간의 철학 논쟁같이 치열하게 싸운다. 그들에게는 이기는 것이 소통하는 것보다 훨씬 더 중요하다.

● **대안을 모색하라**

해결책을 도출할 때 상대방을 개입시켜라. 만약 월터가 회사에 지각한다면, 관리자로서 당신은 그가 늦은 이유가 무엇인지를 먼저 알고 난 후 상황을 개선할 수 있는 대안을 도출할 것을 그에게 요구하라.

● **유익한 정보를 제공하라**

사사로운 기분을 쏟아내기 위해 솔직하게 말하기를 사용하지 말라. 그렇게 함으로써 기분이 좋아질 것 같아 다른 사람에게 쓰레기 같은 말들을 퍼부었다면 당신은 그냥 내뱉기를 한 것이다. 솔직하게 말하기의 목적은 상대방에게 유익한 생각들을 제공하는 것으로, 상황에 대한 서로의 느낌을 상호 이해하기 위한 작업이다.

● **당신 자신의 행동을 검토하라**

다시 '책임의 궤도' 원칙들로 돌아가자. 다른 사람에게 완전히 솔직해지기 위해서는, 스스로를 따져보고 검토하는 단계까지 자신을 개방해야 한다. 회사 사장에서 일선 관리자에 이르기까지 간부들도 그 비판이 개인이 아니라 행동에 대한 것이라면 기꺼이 비판에 귀 기울일 각오가 되어 있어야 한다. 직원 업적평가 기간은 간부들이 이런 말을 하기에 좋은 기회다.

"자네의 업적은 검토해보았고, 이제 우리가 함께 일하는 방식과 관련해서 자네 마음에 들지 않는 것 몇 가지를 알려주겠나?"

"글쎄요, 가끔 지나치게 밀어붙이실 때가 있습니다. 한 발 물러서서 조금만 느긋해지시면 훨씬 능률적일 것 같습니다. 그렇게 해주시면 저도 더 잘 해드릴 수 있을 것 같아요."

"좋아. 그리고 또?"

"제가 느끼기로는 조급해 보이십니다. 한동안은 눈을 잘 마주쳐주시다가 어느새 시선을 돌리고 있기 때문에 딴 생각을 하고 계시다는 걸 알게 되죠. 눈을 맞추는 것은 저에게 중요하거든요."

이제 그 간부는 정보를 취하고 그것에 수긍할 수도 반대할 수도 있지만 어느 쪽이든 그는 부하의 생각을 듣는 일을 힘들어해서는 안 된다.

모든 의사소통은 모험이다. 당신의 아이디어와 생각과 감정을 다른 사람에게 털어놓을 때, 당신은 거절당할 수도 있다. 분별력 없고 강압적인 관리자들은 듣기 싫은 정보를 전달하는 부하 직원에게 주로 퇴짜를 많이 놓는다. 남편은 아내를 조롱한다. 부모는 자녀를 무시하거나 업신여긴다. 세상 대부분의 사람들은 결과에 의거한 의사소통을 하기 때문에 안전한 관례와 게임과 도피 속으로 몸을 숨긴다. 하지만 결과 대신 원인이 끄는 삶을 살고 싶다면, 인생에서 보다 많은 선택들을 하고 싶다면, 당신은 숨어서는 안 된다. '당신'과 '그렇긴 하지만'이라는 말을 피하고 당신이 진실이라고 생각하는 것을 솔직하게 털어놓는 대화는 위험이 따를 수도 있다. 그러나 대화하지 않는 것은 더 위험한 일이다.

어디에다 망치질을 할 것인가?

열린 길을 걷는 나에게는 발과 가벼운 마음만이 있었네
건강하고 자유로운 세상이 나 앞에 있네
어디를 선택하든지 내 앞의 긴 갈색 길이 나를 이끄네
– 월트 휘트먼*Walt Whitman*

이 세상을 당신이 원하는 효율적이고 생산적인, 즐겁고 창의적인 사회를 만들려면, 먼저 당신 스스로의 모습을 뒤돌아봐야 한다. 나는 이 책을 통해 시종일관 이 메시지를 여러분들에게 전달했다. 스스로에 대해 잘 알지 못하고 자신의 삶을 제대로 운영하지 못하는 사람은 다른 사람과도 효율적으로 일하지 못한다. 비효율적이고 내분이 심한 부서를 한번 보라! 분명 스스로를 통제하지 못하는 사람들이 조직을 그 지경으로 몰고 간 원흉일 게다. 더 효과적인 '우리' 를 만드는 유일한 길은 '나' 를 더 효과적으로 이해하는 데 있다. 당신은 자신이 겪는 모든 일의 중심에 서 있고, 당신만이 스스로를 통제할 수 있다. 그 누구도 당신을 대신해 당신을 통제하거나 책임질 수 없다. 역으로, 이 말은 당신도 다른 사람을 통제하거나 책임질 수 없다는 뜻이 된다.

하지만 여기서 주의해야 할 점이 있다. 우리의 사고를 '나' 에서 멈춘다면, 우리는 무책임한 행동을 일삼을 수밖에 없다. 당신의 행동은 자아도취와 소심증, 이기주의로 비춰질 가능성이 크다. 스스로에게 이런 말을 하게 될 수도 있다.

'좋아, 난 내 모든 경험의 중심이야. 내 삶의 절대적인 통제권을 가지고 있음은 물론이거니와 누구든 내가 원하는 대로 다룰 수 있어. 다른 사람은 신경 쓰지 않아도 되겠어. 그 사람들에 대해서는 내게 책임이 없으니까. 내가 법칙을 정하고 나만의 게임을 즐기면 되겠군.'

분명히 해두자. 자신에 대해 전적으로 책임을 진다는 것과 다른 사람의 책임에 대해서는 책임지지 않겠다는 것을 이기심과 동일시하면 안 된다. 이기심은 다른 사람을 희생시키고, 나 자신을 위하는 무책임한 행동이다. 반면 다른 사람이 당신을 통제하려는 것을 용납하지 않는 것은 이기적인 행동이 아니다. 오히려, 다른 이에게 여러분의 통제권을 주는 것은 그 사람들이 이기적으로 행동하게 내버려두는 것임을 기억하라. 스스로에 대해 책임감 있게 행동하는 것이 다른 사람을 도우려는 마음이 없거나, 관심이 없고 부주의하다는 뜻이 아니다. 당신이 다른 이보다 뛰어나다는 뜻도 아니다. 모든 사람은 특별하며, 사랑과 존경을 받을 가치가 있다는 뜻이다.

당신은 이제 결정하고 행동하는 것만 남았다.

옛날에 큰 기업을 대상으로 데이터처리센터를 운영하던 사람이 있었다. 이 센터의 핵심 두뇌는 수백만 개의 계산을 단 몇 초 만에 해내는 슈퍼컴퓨터였다. 그런데 어느 날 컴퓨터가 갑자기 멈춰버렸다. 관리자는 아무것도 할 수 없을 정도로 큰 충격을 받았다. 컴퓨터를 발로 걷어차고 때리고 욕하기도 했지만 컴퓨터는 작동하지 않았다. 관리자는 공포에 질려 책상에 달려가 예전에 받아두었던 미국 최고의 컴퓨터 수리공의 전화번호를 찾았다. 그는 서둘러 전화를 걸었고, 수리공은 즉시 비행기를 타고 방문하기로 했다. 오후가 되자, 서류 가방을 들고 회색 정장 차림의 여성이 걸어 들어왔다. 그는 발생한 일을 설명하고 초조하게 수리가 가능한지 물었다.

"일단 한번 봐야겠어요." 수리공은 컴퓨터 앞에 다가갔다. 몇 분이 채 지나지 않아 수리공이 입을 열었다. "네, 고칠 수 있겠습니다."

"좋아!" 그는 안도의 한숨을 쉬었다. 수리공은 공구가방을 열어 작은 작은 은망치를 꺼냈다. 컴퓨터 앞에 다가가더니 잠깐 더 살펴본 후 3군데를 망치로 가볍게 두드리는 것이었다. 그러자 갑자기 컴퓨터가 소리를 내며 다시 많은 양의 데이터를 처리하기 시작했다.

"정말 대단해요.", "당신이 내 생명을 살렸어요!" 관리자가 수리공에게 말했다.마음이 좀 진정되자 그는 수리비가 얼만지 물었다.

"네, 2만 5,000달러 75센트가 되겠습니다."

그는 또 다시 너무 놀라, 말까지 더듬거리며 확인의 질문을 했다.

"어…얼…마라고요?"

"2만 5,000달러 75센트요.", 수리공은 다시 숫자를 말했다.

겨우 숨을 이어가며 수리공에게 다시 말했다.

"저…저기…그 금액이 어떻게 나온 건지 내역을 말씀해주실 수 있겠어요? 회계를 하는 데 필요해서… 몇 가지 문제가 생길 수도 있고…."

"네, 기꺼이 해 드리죠." 수리공은 종이에 내역을 계산한 다음 그에게 내밀었다. 계산된 바는 이렇다.

3회의 망치질, 1회당 25센트 : 총 75센트
어디를 망치질할지 아는 것 : 2만 5,000달러

이제 당신은 이 책을 통해서 작은 은망치를 얻었다. 하지만 은망치를 얻은 것에만 만족하면 안 될 일이다. 은망치를 손에 쥐고 어긋난 부분을 두드려야 한다. 어디에 망치질을 해야 할지 아는 사람은 오직 당신뿐이다. 당신은 정확히 알고 있다. 자, 이제 이 은망치를 사용할 것인가 말 것인가, 하는 결정은 오직 당신에게 달렸다. 기억하라! 오직 당신뿐이다.

신념체계(Belief system) _ 우리가 진실이라고 믿는 생각들.(예 : 너는 꼴불견이야, 너는 게을러, 뚱뚱한 사람은 성격이 좋아, 금발머리 사람들은 유쾌해 등)

비난(Blame) _ 잘못에 대한 책임을 자신이 아닌 다른 사물이나 사람에게 돌리는 행위.

선택(Choice) _ 의식적 혹은 무의식적 결정. 의식적 혹은 무의식적 행동(선택하고 결정하고 행동하고 창조하는 등의 행동).

추카스(Chucas) _ 천왕성에서는 죄책감을 느끼고 싶을 때 죄책감의 축소형인 발목을 깨무는 이 작은 추카스라는 것을 쓰다듬는다.

의식적인(conscious) _ 어떤 사람이 육체적, 정신적으로 동일한 경험을 하는 때.

기대(Expectation) _ 이루고 싶은 열망을 정신적으로 시각화하거나 구상하는 힘.

미래(Future) _ 예측 못한 순간들에 대한 정신적 지각.

죄책감(Guilt) _ ‘지금’의 결과에 대한 실망감이나 분노. ‘지금’이 지나고 나면, 과거 순간에 대해 죄책감보다는 책임감을 가지는 편이 훨씬 더 생산적이다.

의도(Intention) _ 결정이나 선택의 과정에 선행하는 의식적 혹은 무의식적 에너지.

평준화(Leveling) _ 진실에 대한 책임 있는 커뮤니케이션. 다른 사람의 지각을 이해하기 위한 나의 지각과 듣기의 공유. 평준화의 목적은 함께 승리하는 것이다.

지금(Now) _ 현재의 순간. 결과를 만들어 내야 하는 유일한 순간. ‘지금’은 ‘정신’과 ‘육체’가 서로 같은 ‘지금’에 있을 때 완전히 경험된다.

과거(Past) _ 예전의 ‘지금’들에 대한 정신적 지각.

지각(Perception) _ 우리는 저마다 세상에 대한 나름의 ‘지각’을 가지고 있다. 그 지각은 전적으로 ‘우리의’ 사고와 ‘우리의’ 경험에 근거하는 것이다. 우리는 오직 세상에 대한 ‘우리의’ 관점을 가지고 있을 뿐이다.

조각(Piece) _ 우리의 물리적 육체. 우리가 ‘인생’이라 불리는 게임을 하는 동안 점유하고 있는 형상.

모험(Risk) _ 우리는 늘 뭔가에 도전함으로써 성장한다. 미지의 것에 대한 두려움을 받아들이고, 그 순간을 위협이 아닌 도전으로 보는 것이 모험이다.

책임(Responsibility) _ 원인이 된 것에 돌려지는 것.

시간(Time) _ 우리는 모두 지금(현재)을 가지고 있으며, 매일 24시간을 가진다. 우리는 존재하는 모든 시간을 가지고 있다. 그저 대부분을 가지고 있는 것이 아니다.

무의식(Unc) _ '무의식적인 *unconscious*' 이란 말의 약어. 이 말은 백일몽이란 말과 같은 뜻이지만, 훨씬 더 그럴싸하게 들린다.

무의식적인(Unconscious) _ 우리의 정신과 신체가 서로 다른 영역에 있는 때. 육체적으로는 현재에, 정신적으로는 과거나 미래에 있을 때.

천왕성(Uranus) _ 태양계에 있는 독특한 행성.

근심(Worry) _ 불안감이나 통제력의 부족으로 인한 걱정.

걱정신호(Worry Waves) _ 천왕성에서 미래를 더 잘 통제하기 위해 팔을 위아래로 움직이는 것.

야마 야마(Yamma Yamma) _ 정신의 수다꾼. 정신은 늘 다음 순간을 기대하고 있으며, 결코 우리가 현재 경험하고 있는 '지금' 에 만족하는 법이 없다.

● 지은이 소개

테드 윌리 *Ted Willey*

테드 윌리는 미국의 저명한 컨설턴트다. 그는 미국 전역에 '총책임경영(Total Responsibility Management)' 이라는 개념, 즉 개인적 삶과 직업적 삶에서 자기 발전을 도모할 수 있는 창조적인 자기관리법을 전달했다. 그의 아이디어를 통해 수많은 사람들은 개인의 발전뿐만 아니라, 직업적 만족도와 전문성을 향상시킬 수 있었다. '자신의 선택에 100퍼센트 책임지라!' 는 테드의 단순하면서도 명쾌한 논리는 많은 사람들이 삶의 전환점을 맞이할 수 있게 도와주고 있다. 이 책에 담긴 그의 역동적이고 직설적인 메시지는 '지금' 당신의 삶은 물론이거니와, '미래' 의 삶까지 통제할 수 있도록 당신을 이끌어 줄 것이다.

테드 윌리는 조지 워싱턴 대학에서 교육학 박사 학위를 받았으며, '테드 윌리 앤 어소시에이츠 *Ted Willey & Associates*' 와 '트레이닝 컴퍼니 *Training Company*' 의 대표로서 활발한 활동을 하고 있다. 현재 그는 가족과 함께 콜로라도 주 덴버에서 행복한 나날을 보내고 있다.

● 옮긴이 소개

최소영

성균관 대학교에서 영문학, 불문학 복수 전공.
코리아헤럴드 번역센터, 잉글리시고 등에서 번역사로 활동했으며,
현재는 인트랜스 소속 번역 프리랜서로 활동 중이다.
역서로는 《ACTION!》, 《거만한 놈들이 세상을 바꾼다》 등이 있다.